문스타테이블 핑거 푸드
MOONSTAR TABLE
Finger Food

ⓒ 문희정, 2019

초판 1쇄 인쇄 2019년 12월 23일
초판 3쇄 발행 2022년 8월 26일

지은이 | 문희정
발행인 | 장인형
임프린트 대표 | 노영현

요리·사진 | 문희정
요리 어시스턴트 | 홍도영

펴낸 곳 | 다독다독
출판등록 제313-2010-141호
주소 서울특별시 마포구 월드컵북로4길 77, 3층
전화 02-6409-9585
팩스 0505-508-0248
이메일 dadokbooks@naver.com

ISBN 978-89-98171-76-6 13590

잘못된 책은 구입한 곳에서 바꾸실 수 있습니다.
다독다독은 틔움출판의 임프린트입니다.

MOONSTAR TABLE **Finger Food**

문스타테이블 핑거 푸드

맛과 멋을 사로잡은 한입 요리

문희정 지음

다독
다독

Prologue

핑거 푸드, 한입에 나의 모든 것을 담는다

맛있는 음식이 제대로 된 멋까지 갖추었을 때
우리는 "요리가 아닌 예술"이라는 표현을 하곤 합니다.
맛 좋고 보기도 좋은 음식은 먹는 사람뿐 아니라 만드는 사람에게도
일상의 가치를 높이는 힘이 있습니다.
요리의 영향력을 믿기에 그 힘을 많은 사람들과 나누려 합니다.

근사한 홈 파티를 계획할 때,
아이를 위한 건강하고 맛있는 간식이 고민될 때,
제대로 된 안주를 곁들여 와인 한 잔이 생각날 때,
피크닉에 들고 갈 도시락을 쌀 때,
케이터링에 관련된 영감이 필요할 때,

맛있는 한입 요리,
핑거 푸드가 필요한 모든 순간에 이 책을 펼쳐보세요.
일상의 평범한 재료가 화려한 옷을 입고, 작고 야무진 모습으로
당당히 하나의 요리가 되는 핑거 푸드의 세계를 경험해보세요.

〈문스타테이블 핑거 푸드〉는 오랫동안 수많은 기업 행사와
소규모 파티의 케이터링을 진행하면서 쌓아 온 저만의 현장 경험과 노력이 이뤄낸 결과입니다.
현장에서 인기를 끌었던 메뉴들을 엄선해
상황에 맞게 즐길 수 있도록 가벼운 애피타이저에서부터
한끼 식사로도 가능한 메인 디쉬, 상큼한 디저트까지
다채롭고 풍부한 레시피를 실었습니다.

〈문스타테이블 핑거 푸드〉는 3가지를 추구합니다.
발상의 전환 — 쉽고 평범한 재료를 색다르게 표현하는 방법을 고민합니다.
맛과 멋 — 맛을 사로잡는 재료 간의 궁합과 눈을 사로잡는 모양과 색에 대해 고민합니다.
맛의 유지 — 음식의 온도가 식어도 원래의 맛을 지키기 위해 고민합니다.

맛과 멋을 갖춘 핑거 푸드를 통해 삶의 가치가 높아지는 놀라운 경험을 독자들께 권합니다.

_____ 2019년 12월 문희정

Cup

유리잔, 플라스틱 컵, 미니 볼

유리잔
입구가 좁고 긴 칵테일 잔과 와인 잔은 스틱 형태의 핑거 푸드를 담기 좋다. 입구가 넓고 낮은 유리잔은 샐러드나 파스타, 볶음류, 과일 등을 소분해서 담기 좋고 스캘럽 장식이 있는 칵테일 잔은 티라미수나 푸딩, 판나코타를 담으면 특유의 곡선이 살아나면서 음식이 돋보인다.

플라스틱 컵
가볍고 깨질 위험이 없어 장소에 구애 없이 사용할 수 있다. 환경을 생각해 재사용이 가능한 두꺼운 플라스틱 컵을 사용하는 게 좋다. 입구가 넓고 둥근 컵은 주로 샐러드나 파스타, 볶음류, 소스가 묽은 음식을 담고 입구가 좁고 각진 컵은 모서리 닦기가 불편하므로 과일이나 치즈, 꼬치 등을 담기게 좋다.

미니 볼
간장 종지나 소스 볼도 가능하다. 동그란 모양의 작은 주먹밥이나 튀김 등을 담으면 포인트가 된다.

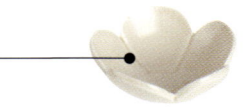  

Introduction

Plate

도마, 트레이, 소반

나무 도마
샌드위치, 주먹밥, 치즈 플래터 등 물기가 적은 음식을 푸짐하게 올리면 내추럴한 분위기가 연출된다. 나뭇결이 선명한 도마와 표면이 매끄러운 도마를 테이블에 함께 올리면 보다 세련돼 보인다. 도마 높낮이에 변화를 주어도 좋다. 접시 사이에 묵직한 도마 하나를 올리면 테이블이 안정감 있어 보인다.

나무 트레이
작은 유리볼이나 잔 여러 개를 담기 좋다. 주먹밥, 튀김류, 꼬치 등의 음식은 유산지를 깔고 담는다. 나무 도마와 함께 매치하면 높이가 서로 달라 리듬감이 생긴다. 거꾸로 뒤집어 받침으로도 활용할 수 있다.

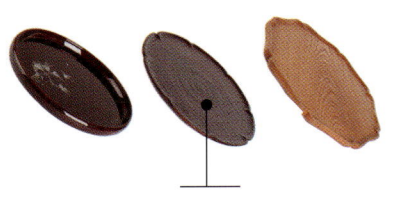

소반
한국적인 분위기를 연출할 때 좋다. 작은 유리 볼이나 잔 여러 개를 함께 올리거나 주먹밥, 튀김류를 푸짐하게 올려도 좋다.

한식용 트레이
한식 핑거 무드에 어울린다. 옻칠, 자개, 소반 트레이 등이 있다.

케익 트레이
유리, 나무, 대리석 등 분위기에 따라 고를 수 있다. 작은 볼이나 컵에 담긴 음식을 올리거나 물기가 적은 음식을 올리기에 적당하다.

Introduction

Plate
아크릴, 도자기, 라탄 가방, 대나무 찬합, 미니 발

아크릴
면적, 두께, 높이를 원하는대로 맞출 수 있다. 무게감 있는 음식을 올릴 경우 아크릴 두께를 10mm 이상으로 한다.

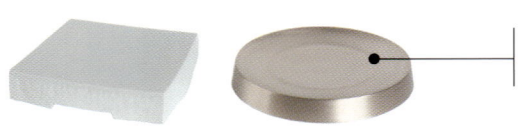

백자/유기 굽 도자기
높이가 있고 윗면이 편편한 백자나 유기 그릇은 한식을 고급스럽게 담아낸다.

라탄 가방
가방의 편편한 면 위에 유산지를 깔면 훌륭한 플레이트로 변신한다. 여름에는 우드 트레이와도 어울린다.

나무 토막
나무의 껍질과 결이 그대로 살아 있는 나무 토막도 좋은 플레이트가 될 수 있다. 음식을 올릴 때는 윗면에 식용 오일을 칠하거나 유산지를 깔고 사용한다.

대나무 찬합
밥 종류의 핑거 푸드를 담기에 좋다. 핑거 푸드 도시락을 쌀 때도 유용하다.

 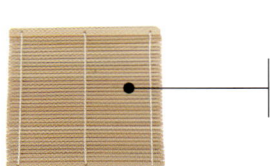

미니 발
주먹밥이나 스시롤, 미니 김밥들 올릴 때 접시 또는 트레이 위에 미니 발을 깔면 고급스럽다. 특히 여름에 어울린다.

Introduction

Tool
유용한 도구들

포테이토 프레셔
삶은 감자나 달걀을 으깰 때 사용한다.

대나무 미니 집게
한식 또는 봄·여름철 메뉴에 어울린다.

미니 스텐 집게
기름기 있는 음식을 덜기에 좋다.

소스 없는 미니 스푼
소스를 얹을 때 끝이 뾰족하고 작아야 편리하다.

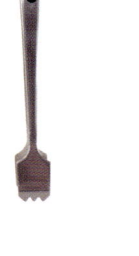

달걀 컷팅기
삶은 달걀을 균일한 크기로 슬라이스한다.

미니 채망
슈거 파우더나 코코아 파우더 등을 뿌릴 때 유용하다.

버터 나이프
소스나 스프레드가 촘촘하게 발린다.

핀셋
가니쉬를 얹을 때 섬세한 표현이 가능하다. 끝이 뾰족하고 좁은 형태가 좋다.

픽
골드 픽은 재사용할 수 있으며 음식이 고급스러워 보인다. 대나무 픽은 길이와 모양이 다양해 대부분의 핑거 푸드와 어울린다. 포인트 픽은 컬러가 포인트 역할을 해 발랄하고 캐주얼한 분위기를 낸다.

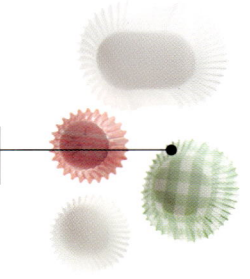

종이 유산지
크기와 컬러가 다양해 용도에 따라 쓰인다. 도시락 형태로 플레이팅할 때 음식을 구분해서 담기에 좋다. 물기가 많은 음식은 비닐 재질의 유산지를 사용한다.

짤주머니
손으로 누르며 양을 조절할 수 있어 소스, 퓨레, 크림 등을 올릴 때 섬세한 표현이 가능하다.

Herb

Introduction

장식용 허브

딜
향긋하고 시원한 풀향이 나며 특히 생선 요리와 어울린다. 샐러드나 에이드에도 어울리지만 과하게 쓸 경우 다른 재료의 맛이 딜 향에 묻힐 수 있으니 적당히 사용한다.

바질
주로 이탈리아 요리에 사용한다. 페스토를 만들거나 소스를 만들 때 첨가한다.

와일드 루꼴라
서양 요리에 가장 많이 쓰인다. 샌드위치, 피자, 파스타, 샐러드에 활용하면 특유의 향이 매력을 발산한다. 내추럴한 느낌을 표현하는 데도 좋다.

처빌
미나리과에 속하는 허브잎으로 미식가의 파슬리라 불린다. 열을 피하여 장식하는 것이 좋고 내추럴한 느낌을 섬세하게 표현하는 데 좋다.

로즈마리
바다의 이슬이라는 의미로 아로마가 풍부해 육류 요리와 잘 어울린다.

애플 민트
멘톨의 청량한 향이 에이드나 과일 음료와 잘 어울린다. 장식용으로도 많이 쓰인다.

타임
서양 요리의 필수 재료다. 육류, 생선, 국물 요리, 음료 등에 다양하게 쓰인다. 여리여리한 느낌을 표현할 수 있다.

Introduction

Flower & Fruit
장식용 식용 꽃, 말린 과일

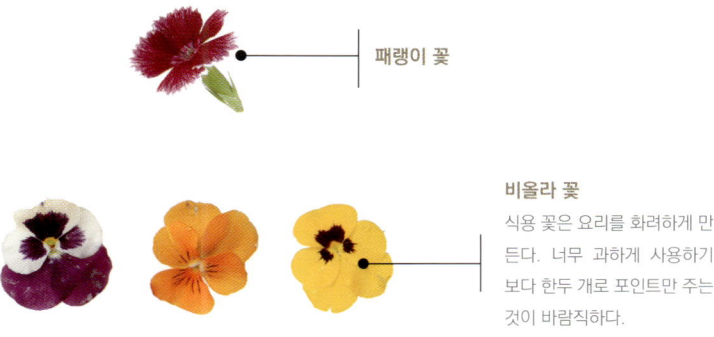

패랭이 꽃

비올라 꽃
식용 꽃은 요리를 화려하게 만든다. 너무 과하게 사용하기보다 한두 개로 포인트만 주는 것이 바람직하다.

냉동 베리
냉동 산딸기 또는 냉동 크랜베리로 음료와 디저트를 화려하고 고급스럽게 연출할 수 있다.

석류
색으로 포인트를 주기 좋다.

말린 과일
음료, 디저트, 테이블 장식에 사용하면 생동감이 느껴진다.

Introduction

Sauce
소스

갈릭 치즈소스 p.177
다진 마늘 2큰술, 다진 양파 1큰술,
버터 ½큰술, 우유 200ml,
슬라이스 치즈 3장,
파프리카 파우더 1작은술

바질 페스토 p.35, 197
바질 50g, 잣 20g,
파마산치즈 20g, 마늘 1~2개,
올리브유 50ml, 소금 ¼작은술

토마토 마리네이드 p.77
방울토마토 10개, 양파 40g,
바질 5g, 올리브오일 3큰술,
식초 2큰술, 발사믹식초 2큰술,
설탕 2큰술, 소금 약간

시저드레싱 p.53
엑스트라버진 올리브오일 3큰술,
엔쵸비 2개, 다진 양파 2큰술,
파마산치즈 2큰술, 레몬즙 1큰술,
마요네즈 4큰술, 홀그레인머스터드 1작은술,
(설탕 ½큰술), 소금, 후추

바질마요소스 p.75, 157
바질 30g, 마늘 2~3개, 마요네즈 1컵,
그릭 요거트 4큰술, 레몬즙 2큰술,
버터 1큰술, 파마산 치즈가루 1큰술,
소금 1작은술, 후추 약간

데리야끼소스 p.129
진간장 2큰술, 맛술 1큰술,
매실청 1큰술, 설탕 ½큰술,
다진 마늘 ½큰술,
페페론치노 2~3개, 후추 약간

크림치즈 와사비소스 p.67
크림치즈 2큰술, 다진 양파 2큰술,
머스타드 1큰술, 올리브오일 1큰술,
와사비 1작은술,
설탕 1작은술

홀스래디쉬소스 p.73, 163
마요네즈 2큰술, 다진 양파 2큰술, 다진 오이피클 1큰술,
다진 딜 1큰술, 크림치즈 1.5큰술, 버터 1큰술,
그릭 요거트 1큰술, 꿀 1큰술, 레몬즙 1큰술,
연와사비 ½큰술, 소금 ½작은술, 후추 약간

과카몰리 p.69, 123
아보카도 1개, 토마토 ½개,
적양파 ¼개, 할라피뇨 다진 것 ½큰술,
라임 또는 레몬 ½개,
다진 마늘 1작은술, 소금 ½작은술,
설탕 ½작은술, 후추 약간

머스터드소스 p.129
마요네즈 2큰술,
홀그레인머스터드 1큰술,
꿀 1큰술

된장 마요소스 p.105
마요네즈 3큰술,
들기름 2큰술,
된장 큰½큰술, 참깨 ½큰술,
청양고추 1개(다진 것)

Sauce
소스

참깨 마요드레싱 p.27, 153
참깨 5큰술, 마요네즈 5큰술,
레몬즙 2큰술, 설탕 2큰술,
간장 1큰술, 매실청 1큰술,
참기름 1큰술

명란 마요소스 p.99, 131, 183
저염 명란젓 25g,
마요네즈 2큰술,
청양고추 1개

발사믹 드레싱 p.55
올리브오일 5큰술, 발사믹 식초 3큰술,
다진 양파 2큰술, 다진 마늘 1작은술,
바질, 설탕 1작은술, 소금, 후추

스위트 칠리소스 p.125, 161
스리라차소스 1큰술,
꿀 1.5큰술,
다진 양파 1큰술

사과 씨겨자 소스 p.57
사과 140g(½개), 양파 70g(⅓개),
식초 5큰술, 물엿 2큰술,
홀그레인머스타드 2큰술,
허니머스타드 1큰술,
올리브오일 2큰술, 소금 약간

아보카도 크림소스 p.78, 167
아보카도 2.5개, 라임 주스 5큰술,
캐슈넛 ⅓컵, 땅콩 1큰술, 양파 ⅓컵,
다진 마늘 ½작은술, 소금 1작은술

오렌지드레싱 p.59
오렌지 1개, 다진 양파 2큰술,
소금 ⅓작은술, 꿀 2큰술,
레몬즙 1큰술, 올리브오일 3큰술,
딜 10g

갈릭 크림치즈소스 p.87
크림치즈 100g, 버터 20g, 연유 1큰술,
레몬즙 1큰술, 다진 마늘 2작은술,
파마산 치즈가루 2작은술,
다진 생파슬리 1작은술, 후추 약간

토마토 살사소스 p.79, 91, 171
잘 익은 토마토 2개, 청양고추 2개,
적양파 50g, 고수 15g, 레몬즙 2큰술,
올리브오일 2큰술,
타바스코소스 ½큰술, 설탕 1작은술,
소금 ½작은술, 후추 약간

타르타르소스 p.169
마요네즈 3큰술, 사워크림 2큰술,
다진 락교 1큰술, 레몬즙 1큰술,
설탕 1.5작은술, 소금 약간

겨자소스 p.108
연겨자 1작은술,
식초 1큰술, 물엿 1큰술,
간장 1큰술

Contents

Appetizer & Welcome Drink

애피타이저 & 웰컴 드링크

Salad

샐러드

애피타이저
무화과 치즈·22
살구 크림치즈·24
사과 롤·26
사과 크림치즈 롤·28
페타치즈 송이토마토 컵·30
토마토 튤립·32
프치올토·34
메추리알 피클·36
매추리알 픽·37

웰컴 드링크
플라워 아이스 레모네이드·38
유자청 망고 에이드·40
오미자 에이드·42
오이 에이드·44
블랙티 자몽 에이드·46

시저 샐러드·52
사과 밀푀유 샐러드·54
골뱅이 오이 픽·56
오렌지 소스 문어 아보카도 샐러드·58
사과 드레싱 오리고기 샐러드·60

Prologue
핑거 푸드, 한입에 나의 모든 것을 담는다 · 5

Introduction
Cup · 6
Plate · 7
Tool · 9
Herb · 10
Flower & Fruit · 11
Sauce · 12

Bread & Rice

빵 & 밥

부르스케타
달걀 오이 부르스케타 · 66
메추리알 부르스케타 · 68
천도복숭아 브루스케타 · 70
연어 브루스케타 · 72
수란 브루스케타 · 74
오믈렛 브루스케타 · 76
연어 브루스케타 아보카도 크림 · 78
살사 소스 소시지 브루스케타 · 79

미니 빵
사라다빵 · 80
오믈렛 모닝빵 · 81
미니 버거 · 82

팬케이크
사과 미니 팬케이크 · 84
무화과 미니 팬케이크 · 85
연어 팬케이크 · 86

샌드위치
연유 햄 치즈 샌드위치 · 88
햄 치즈 스틱 · 89
살사소스 소시지 치아바타 샌드위치 · 90
가츠 산도 · 92
무화과 크루아상 · 94
치아바타 샌드위치 · 95
퀴노아 콥 샐러드 롤 · 96

밥
김치 아란치니 · 98
매생이 아란치니 · 99
달걀말이 꼬마 김밥 · 100
매콤 오징어 김밥 · 102
애호박 꽃밥 · 104
말차 스친 주먹밥 · 104
미니 초밥 · 106
유부 채소 말이 · 108
크래미 유부초밥 · 109
베이컨 치즈말이 밥 · 110

떡
완자 가래떡 · 112
기름 떡볶이 · 114
채소 떡꼬치 · 115

Contents

Main Dish

고기
교촌 봉·120
닭 가슴살 과카몰리 컵·122
코코넛 안심 텐더·124
닭강정·126
닭꼬치·127
데리야끼 치킨 랩·128
닭 가슴살 명란 아보카도 롤·130
소시지 아스파라거스 베이컨 말이·132
로즈마리 미니 완자·134
소고기 채소 말이·136
바베큐소스 립·138

달걀
달걀 튀김·140
데빌드 에그 플라워·142

두부
두부김치 스팸 샌드·144
삼겹살 두부김치 말이·146
불고기 두부 버거·148
매콤 두부 부침·149

버섯
양송이 치즈 구이·150
새송이버섯 말이·152
새송이버섯 떡갈비·154

생선
바질 마요소스 새우 베이컨 말이·156
소시지 새우 꼬치·158
칠리소스 코코넛 새우튀김·160
감자전 연어 까나페·162
연어 달걀 까나페·164
연어 새우 아보카도 크림 컵·166
연어 오이 픽·169
연어 튀김·170

치즈
큐브 치즈 픽·172
무화과 브리치즈 구이·174

채소와 과일
알감자 베이컨 말이·176
아코디언 감자·178
새우 부추전·180
명란 깻잎 아보카도 튀김·182
화전·184
애호박 파프리카 튀김·186
애호박 완자·188
모둠 전 꼬치·190
무화과 하몽 픽·192
사과 만두피 튀김·194
토마토 바질 페스토 파스타 컵·196

Dessert

디저트

무화과잼 요거트·202
천도복숭아 판나코타·204
수제 티라미수·206
홍시 샤베트·208
홍시 디저트·208
과일 젤리·209
오미자 젤리·209
레몬 커드 타르트·210

일러두기 ♥ ● ★ ◆ ○ 픽 모양 아이콘은 핑거 푸드 개수를 의미하며 다섯 개가 넘는 경우 숫자로 표기합니다.

Appetizer & Welcome Drink

**애피타이저는
심플하면서도 화사하게!**

파티의 시작은 꽃처럼 색이 화려한
과일 요리로 시작해보세요.
애피타이저는 가벼운 와인 안주로도 좋아요.

**웰컴 드링크는
계절과 상관없이 언제든 즐길 수 있게!**

에이드를 허브, 식용 꽃, 냉동 베리를 활용해
향긋하고 화려하게 연출해보세요.
보는 즐거움은 물론 특유의 청량감이
입맛을 돋굽니다.

on the table

Appetizer 01

무화과 치즈

무화과의 물방울 모양을 그대로 살린 귀여운 핑거 푸드!
무화과의 단맛과 크림치즈의 고소한 맛이 잘 어울려요.

♥

무화과 1개, 크림치즈 1큰술, 아몬드 슬라이스(다른 견과류로 대체 가능), 타임 또는 파슬리, 꿀

1 무화과에 십자(+)모양의 칼집을 낸다.
2 벌어진 무화과 사이로 크림치즈 1큰술을 넣고 아몬드 슬라이스를 뿌린다.
3 꿀을 살짝 뿌리고 허브로 장식한다.

Appetizer 02

살구 크림치즈

 10

살구 5개, 크림치즈 100g, 냉동 산딸기 10개, 타임 잎 10개, 트러플오일 조금

1 살구를 2등분한 뒤 씨를 제거한다.
2 작은 계량스푼으로 씨 부분을 조금 더 파준다.
3 치즈를 떠 넣은 뒤 산딸기, 타임 잎을 올린다.

Appetizer 03

사과 롤

*사과는 절인 후 사용해야 갈변을 늦출 수 있어요.
사과를 ⅓씩 겹쳐 말아야 라인이 예쁘게 잡혀요.*

8~10

사과 1개, 크래미 2개, 파프리카 1개, 닭 가슴살 1개, 무순
사과 절임 물 3큰술, 설탕 3큰술, 식초 3큰술, 소금 한 꼬집
참깨 마요드레싱 참깨 5큰술, 마요네즈 5큰술, 레몬즙 2큰술, 설탕 2큰술, 간장 1큰술, 매실청 1큰술, 참기름 1큰술

1 사과를 얇게 편 썰기한 뒤 분량의 사과 절임 재료를 넣고 5분간 절인다.
2 닭 가슴살을 길게 썰어 팬에 기름을 두르고 굽는다.
3 크래미는 길게 찢고, 파프리카는 채 썬다.
4 절인 사과 위에 크래미, 파프리카, 닭 가슴살, 무순을 올리고 살살 만다.
5 분량의 드레싱 재료를 섞어 참깨 마요드레싱을 만들고 롤에 곁들인다.

Appetizer 04

사과 크림치즈 롤

사과가 설탕에 절여지면서 촉촉해져 잘 말려요.
최대한 얇게 썰어야 장미꽃 모양이 완성돼요.
식빵 대신 또띠아도 좋아요.

 6

사과 1개, 식빵 2장, 크림치즈 2큰술, 설탕 1큰술, 시나몬 가루 ⅓작은술

1 사과를 얇게 편 썰기한 후 설탕과 시나몬 가루를 섞어 사과 위에 골고루 뿌린다.
2 식빵은 가장자리를 자르고 밀대로 얇게 밀어 3등분한다.
3 식빵에 크림치즈를 바르고 사과를 겹쳐 올린 뒤 돌돌 만다.

Appetizer 05

페타치즈 송이토마토 컵

발사믹 글레이즈로 새콤달콤함까지 더한 귀여운 토마토컵!

 8~10

송이토마토 8~10개, 페타치즈 20g, 올리브 20g, 자색 양파 20g, 아몬드 슬라이스, 발사믹 글레이즈

1 송이토마토의 윗부분을 자르고 속을 파낸다.
2 페타치즈, 올리브, 자색 양파를 잘게 다져서 한데 섞는다.
3 속을 파낸 토마토에 2의 재료를 모두 넣고 아몬드 슬라이스, 발사믹 글레이즈를 뿌린다.

Appetizer 06

토마토 튤립

방울토마토는 동그란 것보다 타원형을 추천해요.
취향에 따라 치즈 위에 발사믹 글레이즈를 뿌려요.

 10

방울토마토 10개, 리코타치즈 200g, 마늘종 10개, 파스타면 3~4개

1 방울토마토의 꼭지를 따내고 꼬치로 구멍을 낸다.
2 꼭지 반대편은 열십자로 칼집을 낸 뒤 물이 흐르지 않도록 속을 파낸다.
3 구멍 낸 꼭지에 마늘종을 꽂고 리코타치즈로 속을 채운다.

Appetizer 07

프치올토(프로슈토+치즈+올리브+토마토)

프로슈토를 사선으로 겹쳐 꽂아야 리듬감이 생겨요.
바질 페스토 대신 발사믹 글레이즈도 좋아요.

 10

방울토마토 10개, 프로슈토 10개, 올리브 10개, 캔디치즈 10개, 프로슈토 5장, 바질 잎 15g
바질 페스토 바질 50g, 잣 20g, 파마산치즈 20g, 마늘 1~2개, 올리브유 50ml, 소금 ¼작은술

1 분량의 재료를 섞어 바질 페스토를 만든다(잣을 볶아 넣으면 더 고소하다).
2 방울토마토, 프로슈토, 올리브, 캔디치즈, 바질을 꼬치에 꽂고 바질 페스토를 살짝 묻히거나 곁들인다.

Appetizer 08

메추리알 피클

메추리알을 특별하게 즐겨보세요!
새콤한 맛과 단백한 맛이 잘 어우러짐은 물론
핑크빛 비트색이 요리의 포인트가 됩니다.

메추리알 36개, 비트 100g, 레몬 1개,
피클 물 물 400ml, 식초 200ml, 설탕 200ml, 소금 1작은술, 피클링 스파이스 1큰술

1 물, 식초, 설탕을 2:1:1의 비율로 냄비에 넣어 피클링 스파이스와 함께 끓인 뒤 식힌다.
2 냄비에 메추리알이 잠길 정도로 물을 붓고 메추리알, 소금 1큰술, 식초 2큰술을 넣은 뒤 뚜껑을 연 상태로 센불에서 끓이다가 끓어오르면 뚜껑을 닫고 중불에서 5분 동안 삶고 찬물에 충분히 식혀 껍질을 깐다.
3 비트와 레몬은 얇게 썬다.
4 유리병을 열탕 소독한 뒤 메추리알, 레몬, 비트를 넣고 식힌 피클 물을 붓는다.
5 냉장고에서 2일간 숙성한 뒤 먹는다.

Appetizer 09

매추리알 픽

곱게 물들인 매추리알 피클로 간단한 치즈 픽을 만들어보세요!
다양한 식감과 맛을 즐기기 위해 부드러운 매추리알, 상큼하고 아삭한 사과, 고소하고 쫀득한 치즈를 한입에 쏙!
눈으로 보기에도 예쁘고 자꾸만 손이 가는 간단한 핑거 푸드입니다.
취향에 따라 올리브를 넣어도 좋아요!

매추리알 피클, 사과, 캔디 치즈

1 매추리알은 반으로 자르고 사과는 치즈와 비슷한 크기로 썬다.
2 매추리알-사과-캔디 치즈를 픽으로 꽂는다.

Welcome Drink 01

플라워 아이스 레모네이드

식용 꽃 얼음 1컵, 탄산수 400ml, 레몬 시럽 60ml, 레몬 ½개, 애플민트 조금, 각 얼음 조금

1 컵에 각얼음을 ⅓정도 채운 뒤 애플민트와 레몬을 단면이 보이도록 넣는다.
2 시럽을 넣고 식용 꽃 얼음을 가득 채운다.
3 탄산수를 붓고 슬라이스한 레몬을 컵과 얼음에 걸치듯이 얹는다.

Welcome Drink 02

유자청 망고 에이드

🍷🍷

유자청 80ml, 망고 40g(3~4조각), 탄산수 300ml, 로즈마리 1~2개, 조각 얼음, 라임 ½개

1 컵에 유자청과 탄산수 ½을 넣고 잘 젓는다.
2 얼음을 채운 뒤 나머지 탄산수를 모두 붓는다.
3 먹기 좋게 썬 냉동 망고를 얹고 슬라이스한 라임, 로즈마리를 올린다.
*라임즙을 짜서 넣으면 보다 상큼하게 즐길 수 있다.

Welcome Drink 03

오미자 에이드

오미자청 100ml, 탄산수 400ml, 레몬 ½개, 애플민트 2~3줄기, 식용 꽃(패랭이)

1 컵에 오미자청을 담고 얼음을 가득 채운다.
2 슬라이스한 레몬 2~3개를 사선으로 넣은 뒤 탄산수를 붓는다.
3 식용 꽃, 애플민트, 슬라이스 한 레몬 한 조각을 띄운다.

Welcome Drink 04

오이 에이드

오이 ½개, 탄산수 400ml, 레몬 ½개, 허브 딜 조금, 각얼음

1 오이는 필러로 얇게 슬라이스하고 레몬은 슬라이스 후 이등분한다.
2 컵에 각 얼음을 넣은 뒤 오이를 잔에 붙이며 곡선을 살려 넣는다.
3 레몬은 사방에서 단면이 보이도록 다양한 각도로 꽂는다.
4 탄산수를 붓고 오이를 한 겹 더 말아 올린다.
5 딜을 살포시 얹고 취향에 따라 크랜베리 한 알로 포인트를 준다.

Welcome Drink 05

블랙티 자몽 에이드

블랙티 티백 1개, 따뜻한 물 100ml, 자몽 시럽 40ml, 레몬 탄산수 300ml, 조각 얼음, 냉동 베리 2큰술, 라임 1개, 타임 1~2줄

1 블랙티 티백을 따뜻한 물에 2~3분간 우린 뒤 식힌다.
2 컵에 얼음을 채운 뒤 시럽을 넣고 티를 채운다.
3 슬라이스 한 라임, 냉동 베리를 넣고 탄산수를 부은 뒤 타임을 올린다.
4 라임 한 조각을 잔과 얼음에 걸치듯 얹는다.

Salad

샐러드의 화려한 변신!
썰기와 플레이팅만으로도
샐러드를 보다 풍성하고 고급스럽게
연출할 수 있어요.
채소와 과일의 아삭한 식감을 위해
소스는 먹기 직전에 뿌리세요.

on the table

Salad 01

시저 샐러드

시저 드레싱을 보다 풍성하고 멋스럽게 즐기는 방법!
입구가 좁은 칵테일 잔에 치킨 스틱, 아스파라거스, 로메인 잎, 식빵 스틱을 넣고
시저 드레싱을 뿌려 보세요.

 12

닭 가슴살 2조각, 작은 로메인 잎 12장, 아스파라거스 12개, 식빵 2쪽, 파프리카 가루 1큰술, 밀가루, 달걀, 빵가루, 우유
닭 가슴살 밑간 소금 1작은술, 후추 약간, 맛술 3큰술
시저 드레싱 엑스트라버진 올리브오일 3큰술, 엔쵸비 2개, 다진 양파 2큰술, 파마산치즈 2큰술, 레몬즙 1큰술,
마요네즈 4큰술, 홀그레인머스터드 1작은술, (설탕 ½큰술), 소금, 후추

1 닭 가슴살은 우유에 30분 정도 담궜다가 물에 헹구고 밑간한다.
2 식빵은 스틱 모양으로 자른 뒤 180℃로 예열한 오븐에서 3~4분간 굽고 아스파라거스는 팬에 기름을 두르고 굽는다.
3 밑간한 닭에 밀가루-달걀물-빵가루를 입혀 기름에 노릇하게 튀긴다.
4 분량의 드레싱 재료를 섞어 시저 드레싱을 만든다.
5 컵 바닥에 시저 드레싱을 담고 로메인,아스파라거스, 튀긴 닭 가슴살, 식빵 스틱을 꽂는다.

Salad 02

사과 밀푀유 샐러드

샐러드를 조각 피자처럼 즐겨보세요!

사과 1개, 양상추 300g, 양파 ½개, 오이 ½개, 그라나파다노치즈
발사믹 드레싱 올리브오일 5큰술, 발사믹 식초 3큰술, 다진 양파 2큰술, 다진 마늘 1작은술, 바질, 설탕 1작은술, 소금, 후추

1 분량의 재료를 섞어 발사믹 드레싱을 만든다.
2 사과, 양파, 오이는 얇게 썰고 양상추는 한입 크기로 썬다.
3 사과-양상추-양파-오이-사과-그라나파다노치즈를 차례로 쌓은 뒤 4등분 하고 픽을 꽂은 다음 드레싱을 뿌린다.

Salad 03

골뱅이 오이 픽

오이와 미나리를 넣어 아삭하면서도 향긋해요.
미나리 대신 채썬 파를 올려도 맛있어요.

 24~26

골뱅이 1캔, 오이 2개, 미나리 한 줌,
양념 통조림 국물 5큰술, 고추장 3큰술, 2배 식초 3큰술, 고춧가루 1큰술, 설탕 1큰술, 다진 마늘 ½큰술, 간장 ½큰술, 참기름 ½큰술, 통깨 약간

1 오이는 모양대로 굵게 썰고 미나리는 잎 부분만 따로 떼어 준비한다.
2 분량의 재료를 섞어 양념을 만든다.
3 골뱅이에 양념을 넣고 버무린다.
4 오이-골뱅이-미나리 순으로 쌓아 픽을 꽂고 깨를 뿌린다.

Salad 04

오렌지 소스 문어 아보카도 샐러드

<u>오렌지 소스의 포인트는 껍질에 있어요.
오렌지 향을 강하게 즐기고 싶다면
오렌지 껍질을 깨끗이 세척한 후 제스트를 만들어 소스에 넣어보세요.</u>

문어 100g, 아보카도 1개, 피클 2개(30g), 샐러드용 채소 30g
오렌지 드레싱 오렌지 1개, 다진 양파 2큰술, 소금 ⅛큰술, 꿀 2큰술, 레몬즙 1큰술, 올리브오일 3큰술, 딜 10g

1 아보카도, 문어, 샐러드용 채소는 한입 크기로 썰고 피클은 얇게 편 썬다.
2 오렌지는 깨끗이 씻은 뒤 강판에 갈아 오렌지 제스트를 만든다.
3 오렌지 과육은 즙을 낸 뒤 분량의 드레싱 재료와 제스트를 넣고 섞는다.
4 드레싱의 ⅓을 덜어 문어를 버무린다.
5 아보카도-피클-문어-샐러드용 채소 순으로 픽을 꽂고 남은 드레싱을 뿌리거나 곁들인다.

Salad 05

사과 드레싱 오리고기 샐러드

사과와 오리고기는 궁합이 잘 맞아요.
특히 씨겨자 사과 소스가 훈제 오리의 느끼함을 잡아줘요.

 12

훈제 오리 150g, 라디치오(레드치커리), 로메인 40g, 새싹 채소 10g

소스 사과 140g(½개), 양파 70g(⅓개), 식초 5큰술, 물엿 2큰술, 홀그레인머스타드 2큰술, 허니머스타드 1큰술, 올리브오일 2큰술, 소금 약간

1 사과와 양파를 블렌더에 갈아 나머지 소스 재료를 넣고 고루 섞는다.
2 양배추, 로메인, 새싹 채소는 깨끗이 씻어 물기를 제거하고 먹기 좋은 크기로 자른다.
3 훈제 오리는 팬에서 노릇하게 굽는다.
4 컵에 소스-샐러드 채소-오리-소스를 차례로 담고 새싹 채소를 살포시 얹는다.

Bread
&
Rice

**가벼운 포만감이 느껴지는
빵과 밥을 응용한 핑거 푸드!**

오픈 샌드위치, 미니 샌드위치, 미니 김밥,
주먹밥, 스시롤 등 친근한 음식이라도
약간의 아이디어를 보태면
훨씬 맛있고 유니크하게 만들 수 있어요.
피크닉 시즌에는 빵과 밥, 떡이 모두 들어간
푸짐한 도시락도 구성해 보세요.

on the table

Bread & Rice 01

달걀 오이 부르스케타

촉촉한 달걀 피클과 아삭아삭한 오이의 식감이 잘 어울려요.
크림치즈 와사비소스의 부드럽고 톡 쏘는 맛이 전체적인 맛의 균형을 잡아줘요.
파슬리가 없을 땐 쪽파를 다져 넣으세요.

달걀 피클 1개(36쪽 메추리알 피클 만들기 참고), 바게트 3조각 , 오이 1개, 이탈리안 파슬리
크림치즈 와사비소스 크림치즈 2큰술, 다진 양파 2큰술, 머스타드 1큰술, 설탕 1작은술, 와사비 1작은술, 올리브오일 1큰술

1 분량의 재료를 섞어 크림치즈 와사비소스를 만든다.
2 달걀 피클은 6 등분하고 오이는 필러로 얇게 슬라이스, 이탈리안 파슬리는 다진다.
3 구운 바게트에 소스를 바른 뒤 주름 잡은 오이를 얹고 달걀 슬라이스 2개를 겹쳐 올린다.
4 소스를 살짝 올리고 다진 파슬리를 뿌린다.

Bread & Rice 02

메추리알 부르스케타

그린색 과카몰리와 핑크색 메추리알 피클의 조합으로
풀밭 위의 꽃처럼 색감이 화려해요.

메추리알 피클(만드는 법은 36쪽 참고), 바게트 3조각, 파슬리 가루
과카몰리(만드는 법은 123쪽 참고) 아보카도 1개, 토마토 ½개, 적양파 ¼개, 할라피뇨 다진 것 ½큰술,
라임 또는 레몬 ½개, 다진 마늘 1작은술, 소금 ½작은술, 설탕 ½작은술, 후추 약간

1 바게트에 버터를 발라 앞뒤로 노릇하게 구운 뒤 식힌다.
2 아보카도는 으깨고 씨를 뺀 토마토, 적양파는 작게 깍둑 썰어 분량의 과카몰리 재료를 모두 넣고 섞는다.
3 바게트에 과카몰리와 메추리알 피클을 올리고 파슬리 가루를 뿌린다.

Bread & Rice 03

천도복숭아 브루스케타

*무화과 잼 대신 다른 과일 잼도 시도해보세요.
잼을 생략하고 크림치즈만 바르면 담백한 맛을 즐길 수 있어요.*

천도복숭아 1개, 바게트 2개, 크림치즈 60g, 무화과 잼 60g, 애플민트 조금

1 크림치즈와 무화과 잼을 1:1 비율로 섞어 스프레드를 만든다.
2 천도복숭아를 얇게 편 썰어 서로 겹쳐가며 꽃모양으로 돌돌 만다.
3 스프레드를 바게트에 바르고 천도복숭아를 올린다.
4 애플민트를 복숭아 꽃 옆에 살짝 얹어 잎처럼 장식한다.

Bread & Rice 04

연어 브루스케타

★★★★

훈제 연어 150g, 바게트 4조각, 적양파 50g, 레몬 1개, 케이퍼, 딜, 버터 1큰술
홀스래디쉬소스 마요네즈 2큰술, 다진 양파 2큰술, 다진 오이피클 1큰술, 다진 딜 1큰술, 크림치즈 1.5큰술, 버터 1큰술, 그릭 요거트 1큰술, 꿀 1큰술, 레몬즙 1큰술, 연와사비 ½큰술, 소금 ½작은술, 후추 약간

1 바게트에 버터를 발라 앞뒤로 노릇하게 구운 뒤 식힌다.
2 양파는 얇게 채 썰고 레몬은 깨끗이 씻은 뒤 껍질로 레몬 제스트를 만든다.
3 바게트에 홀스래디쉬소스를 바르고 양파-연어-케이퍼-레몬 제스트를 차례로 올린 다음 딜로 장식한다(다진 딜을 한 번 더 뿌린다).

Bread & Rice 05

수란 브루스케타

부드럽고 향긋한 바질 마요소스와 매콤한 스리라차소스의 반전 매력!
수란이나 반숙, 완숙 등 취향에 맞게 다양하게 즐겨보세요.

수란 달걀, 물, 식초 2큰술

냄비에 달걀이 충분히 잠길 정도의 물과 식초 2큰술을 넣는다.
물이 끓기 전 가장자리에 기포가 올라올 때 불을 살짝 줄인다.
숟가락으로 냄비 가장자리를 돌려가며 회오리를 만든 다음 가운데에
달걀을 살포시 넣어 3분 동안 익힌다.

달걀 4개, 바게트 4조각, 베이컨 80g, 아스파라거스 50g, 버터 1큰술, 고춧가루, 스리라차소스
바질 마요소스 바질 30g, 마늘 2~3쪽, 마요네즈 1컵, 그릭 요거트 4큰술,
레몬즙 2큰술, 버터 1큰술, 파마산치즈 가루 1큰술, 소금 1작은술, 후추 약간

1 분량의 소스 재료를 블렌더에 넣고 갈아 바질 마요소스를 만든다.
2 바게트에 버터를 발라 앞뒤로 노릇하게 구운 뒤 식힌다.
3 달걀 2개는 삶고 2개는 수란을 만든다.
4 베이컨, 아스파라거스는 팬에 노릇하게 굽는다.
5 바게트에 바질 마요소스를 펴 바르고 아스파라거스, 베이컨, 달걀을 올린 뒤 고춧가루, 스리라차소스를 뿌린다.

Bread & Rice 06

오믈렛 브루스케타

바질 향이 은은하게 느껴지는 토마토 마리네이드는 냉 파스타나 샐러드 등 다양한 요리에 활용할 수 있어요.
달걀 스크램블, 아보카도와 함께 먹으면 담백하면서 새콤달콤해요.

8

바게트 8조각, 버터 1큰술, 아보카도 1개, 발사믹 글레이즈
스크램블 달걀 3개, 버터 2큰술, 우유 100ml, 소금 1작은술, 후추 약간
토마토 마리네이드 방울토마토 10개, 양파 40g, 바질 5g, 올리브오일 3큰술, 식초 2큰술, 발사믹식초 2큰술, 설탕 2큰술, 소금 약간

1 방울토마토는 반으로 가르고 양파, 바질은 다진다. 아보카도는 얇게 편 썰기한다.
2 방울토마토, 양파, 바질, 나머지 양념을 한데 넣고 30분간 숙성해 토마토를 마리네이드한다.
3 바게트에 버터를 발라 앞뒤로 노릇하게 구운 뒤 식힌다.
4 볼에 달걀, 우유, 소금, 후추를 넣고 잘 섞는다.
5 달군 팬에 버터를 넣고 중약 불에서 젓가락으로 달걀물을 저어가며 스크램블을 만든다.
6 바게트에 아보카도, 스크램블, 토마토 마리네이드를 올린 뒤 발사믹 글레이즈를 살짝 뿌린다.

Bread & Rice 07

연어 브루스케타 아보카도 크림

 10

바게트 10조각, 훈제 연어 슬라이스 150g, 자숙 새우 10개, 아보카도 1개, 레몬, 타임
연어, 새우 밑간 엑스트라버진 올리브오일 5큰술, 레몬즙 2큰술, 화이트 와인(또는 청주) 1큰술, 꿀 1작은술,
다진 생바질 2큰술, 다진 양파 2큰술, 다진 마늘 1큰술, 굵은 소금 2작은술, 후추 ½작은술
아보카도 크림소스 아보카도 2.5개, 라임 주스 5큰술, 캐슈넛 ⅓컵, 땅콩 1큰술, 양파 ⅓컵, 다진 마늘 ½작은술, 소금 1작은술

1 훈제 연어는 4~5cm 길이로 썰고 자숙 새우는 끓는 물에 살짝 데쳐 물기를 뺀 뒤 밑간 재료로 버무려 30분간 냉장고에서 숙성한다.
2 아보카도는 깍둑 썰고 레몬은 얇게 썬다.
3 분량의 소스 재료로 아보카도 크림소스를 만들어 바게트에 펴 바른다.
4 연어, 새우, 아보카도, 레몬을 보기 좋게 올린 다음 타임으로 장식한다.

살사 소스 소시지 브루스케타

구운 대파가 신의 한 수! 취향에 따라 고수를 듬뿍 얹어도 좋아요.

소시지 1개, 바게트 3조각, 대파 흰대 1개, 고수 잎 약간
토마토 살사소스 잘익은 토마토 2개, 청양고추 2개, 적양파 50g, 고수 15g, 레몬즙 2큰술,
올리브오일 2큰술, 타바스코소스 ½큰술, 설탕 1작은술, 소금 ½작은술, 후추 약간

1 달군 팬에 대파 흰대를 2등분한 뒤 납작하게 펼쳐서 노릇하게 굽는다.
2 소시지는 칼집을 낸 뒤 팬에 노릇하게 구워 3등분한다.
3 바게트에 구운 대파-소시지-토마토 살사소스를 올린다.
4 고수 잎으로 장식한다.

Bread & Rice 09

사라다빵

파마산치즈 가루가 신의 한 수!
버무린 채소는 샐러드 김밥에 넣어도 좋아요.

모닝빵 2개, 양배추 30g, 당근 30 g, 오이 30g, 사과 30 g, 양파30g, 크래미 1개
소스 마요네즈 4큰술, 허니 머스터드 1큰술, 파마산치즈 가루 1큰술, 소금 한 꼬집, 후추 약간

1 모닝빵은 끝이 잘리지 않도록 반으로 가르고 채소는 모두 곱게 채 썰고 크래미는 결대로 찢는다.
2 1과 분량의 소스를 섞어 빵 사이에 채워 넣는다.

Bread & Rice 10

오믈렛 모닝빵

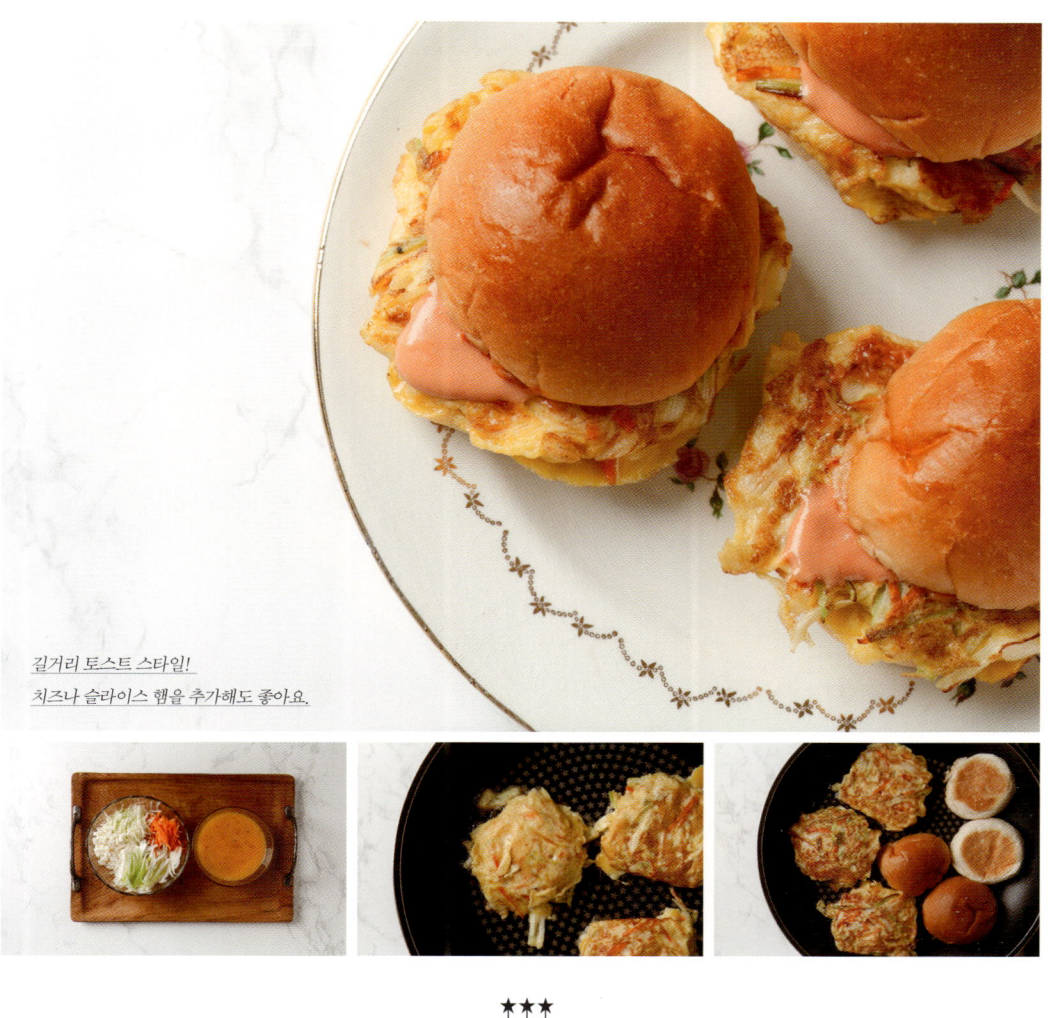

길거리 토스트 스타일!
치즈나 슬라이스 햄을 추가해도 좋아요.

★★★

모닝빵 3개, 달걀 4개, 당근 30g, 양파 30g, 대파 30g, 양배추 30g, 모짜렐라치즈 40g, 소금 ½작은술, 후추 약간
소스 마요네즈 2큰술, 케첩 2큰술

1 모닝빵은 끝이 잘리지 않도록 반으로 가르고 채소는 모두 곱게 채 썬다.
2 달걀을 풀어 소금, 후추, 채 썬 재료, 치즈를 넣고 섞는다.
3 팬에 기름을 두르고 달걀을 동그랗게 부친다. 모닝빵은 살짝 굽는다.
4 마요네즈와 케첩을 섞어 소스를 만든다.
5 모닝빵 안쪽에 소스를 바르고 달걀 부침을 끼워 넣는다.

Bread & Rice 11

미니 버거

풍성한 재료들이 모닝빵에 쏙~
가벼운 한끼 식사는 물론
술안주나 아이들 간식으로도 훌륭해요.

★★★★

모닝빵 4개, 슬라이스 치즈 2개, 토마토 ½개, 양파 30g, 할라피뇨 20g, 샐러드 채소 20g, 버터 2큰술
패티 소고기 다짐육 200g, 돼지고기 다짐육 100g, 다진 양파 100g(½개), 다진 마늘 1큰술,
빵가루 6큰술, 달걀 1개, 우스터소스 2큰술, 케찹 1큰술, 굴소스 ½큰술
소스 마요네즈 2큰술, 우스터소스 1큰술, 머스터드소스 1큰술

1 모닝빵은 반으로 잘라 달군 팬에 버터 1큰술을 넣고 안쪽 면을 굽는다.
2 치즈는 반 자르고 토마토, 양파, 할라피뇨는 얇게 썰고, 샐러드 채소는 한입 크기로 찢는다.
3 팬에 버터 1큰술을 넣고 패티 재료인 다진 양파와 다진 마늘을 노릇하게 볶은 뒤 한 김 식힌다.
4 볼에 4와 나머지 패티 재료를 넣고 잘 치대며 빵 크기보다 조금 크게 패티(약 80g)를 만든다.
5 달군 팬에 기름을 두르고 패티를 넣어 앞뒤로 노릇하게 굽는다.
6 패티가 익으면 패티 위에 치즈를 올려 뚜껑을 닫고 살짝 녹인다.
7 마요네즈, 우스터소스, 머스터드소스를 한데 넣고 섞어 소스를 만든다.
8 빵 안쪽 면에 소스를 바르고 샐러드 채소-양파-피클-토마토-소스-패티를 차례로 올린 다음 빵을 덮고 픽을 꽂는다.

Bread & Rice 12

사과 미니 팬케이크

달콤한 사과와 은은한 시나몬 향의 조화!
사과 조림은 만두피에 감싼 뒤
튀겨 먹어도 맛있어요.

 10~12

사과 1개, 설탕 3큰술, 꿀 1큰술, 버터 1큰술, 계핏가루 ½작은술, 견과류, 타임, 메이플시럽
팬케이크 반죽 팬케이크 믹스 100g, 우유 110ml, 달걀 1개

1 사과는 작게 깍둑 썰기한다.
2 팬에 버터를 녹인 뒤 사과를 볶다가 사과가 투명해지면 설탕, 꿀, 계핏가루를 넣고 수분이 빠질 때까지 조린다.
3 팬케이크 가루에 우유, 달걀을 넣고 잘 섞은 뒤 팬에 기름을 살짝 두르고 부친다.
4 팬케이크 위에 조린 사과, 견과류를 얹고 메이플 시럽, 타임을 부려 장식한다(기호에 따라 크림치즈를 추가한다).

Bread & Rice 13

무화과 미니 팬케이크

두 가지 이상의 과일을 올려야
색이 화사해 보여요.
물이 많은 과일은 눅눅해질 수 있어
추천하지 않아요.

★★ 10~12

무화과 2개, 청포도 4알, 블루베리 12알, 리코타치즈, 견과류 조금, 메이플시럽
팬케이크 반죽 팬케이크 믹스 100g, 우유 110ml, 달걀 1개

1 팬케이크 가루에 우유, 달걀을 넣고 잘 섞은 뒤 팬에 기름을 살짝 두르고 부친다.
2 청포도는 2등분, 무화과는 4등분 한다.
3 팬케이크에 무화과, 청포도, 블루베리, 리코타치즈, 견과류를 올리고 메이플시럽을 뿌린다.

Bread & Rice 14

연어 팬케이크

 15~20

갈릭 크림치즈 위에
오이를 살짝 사선으로 꽂아야 보기 좋아요.

훈제 연어 슬라이스 100g, 오이 반 개, 케이퍼, 부추 약간
팬케이크 반죽 팬케이크 믹스 100g, 우유 110ml, 달걀 1개
갈릭 크림치즈소스 크림치즈 100g, 버터 20g, 연유 1큰술, 레몬즙 1큰술, 다진 마늘 2작은술,
파마산치즈 가루 2작은술, 다진 생파슬리 1작은술, 후추 약간

1 분량의 팬케이크 반죽을 한데 넣고 잘 섞어 반죽한다.
2 훈제 연어는 4cm 길이로 썰고 오이는 얇게 썰고 부추는 쫑쫑 썬다.
3 달군 팬에 기름을 살짝 두르고 5cm 크기로 케이크 반죽을 올려 약불에서 굽는다(반죽 표면에 거품이 나타날 때까지 1~2분 동안 굽고, 뒤집어서 황금색이 되도록 굽는다).
4 분량의 소스 재료를 섞어 갈릭 크림치즈소스를 만들어 짤주머니에 담아 팬케이크 위에 짠다.
5 소스 위에 오이-연어-케이퍼를 올리고 다진 부추를 뿌려 장식한다.

Bread & Rice 15

연유 햄 치즈 샌드위치 (대만식 홍루이젠 st)

냉장고에 30분 이상 넣어두었다가 먹으면
훨씬 맛있어요!

식빵 4개, 달걀 2개, 슬라이스 햄 2개, 치즈 2개
소스 버터 2큰술, 연유 2큰술

1 달걀은 풀어서 지단을 부친 뒤 식빵 크기로 자른다.
2 버터와 연유를 섞어 소스를 만든다.
3 식빵의 한쪽 면에 소스를 바르고 지단-소스-햄-소스-식빵 순으로 올린다.
4 사선으로 두번 잘라 4등분한 뒤 픽을 꽂는다.

Bread & Rice 16

햄 치즈 스틱

식빵에 달걀물을 입혀서 훨씬 고소하고 부드러워요.
한입 크기로 자른 뒤 유산지로 한 쪽 끝을 감싸면
편하게 잡고 먹을 수 있어요.

 6

식빵 2개, 슬라이스 햄 2개, 체다치즈 2개, 달걀 1개, 버터 2큰술

1 식빵은 가장자리를 자르고 식빵-햄-치즈-햄-치즈-식빵 순으로 올린다.
2 1을 달걀물에 흠뻑 담근 뒤 달군 팬에 기름을 살짝 두르고 노릇하게 익힌다.
3 3등분하여 한쪽 끝을 유산지로 감싼다.
4 취향에 따라 꿀 또는 시럽을 곁들인다.

Bread & Rice 17

살사소스 소시지 치아바타 샌드위치

토마토 살사소스는 소시지와 정말 잘 어울려요.
나쵸칩을 곁들이거나 푸실리 면을 삶아서 냉 파스타로 즐겨도 좋아요.

소시지 1개, 치아바타 1개, 알배추 30g, 루꼴라 30g, 적양파 20g,
토마토 살사소스 잘익은 토마토 2개, 청양고추 2개, 적양파 50g, 고수 15g, 레몬즙 2큰술,
올리브오일 2큰술, 타바스코소스 ½큰술, 설탕 1작은술, 소금 ½작은술, 후추 약간
머스터드소스 마요네즈 1큰술, 꿀, 홀그레인머스터드 ½큰술,

1 토마토는 씨를 뺀 후 다지고, 적양파는 작게 깍둑 썰고, 청양고추와 고수는 다져서 토마토 살사소스를 만든다.
2 알배추, 루꼴라는 먹기 좋은 크기로 썰고 양파는 얇게 채 썬다.
3 달군 팬에 기름을 살짝 두르고 칼집을 낸 소시지를 굽는다.
4 치아바타를 반으로 가르고 빵 사이에 알배추-살사소스-양파-소시지-루꼴라를 넣은 뒤 픽을 꽂는다.

Bread & Rice 18

가츠 산도

돈까스용 고기는 최소 반나절에서 최대 하루 정도 숙성해야 육질이 부드러워져요.
소스에 양배추를 추가해보세요. 아삭아삭 씹히는 맛이 좋아요.

8

돼지고기 등심 500g, 식빵 4개

소스 돈까스소스 8큰술, 마요네즈 4큰술, 홀그레인머스터드 2큰술
돼지고기 밑간 사과 1쪽(70g), 양파 40g, 대파 30g, 생강 3g, 맛술 3큰술, 소금 1큰술, 카레가루 1큰술, 후추 ½큰술
튀김용 재료 밀가루, 달걀물, 빵가루

1 등심을 칼로 두드리거나 칼집을 살짝 넣은 뒤 카레가루, 후춧가루를 골고루 뿌린다.
2 밑간 재료를 갈아 등심에 바르고 반나절 이상 숙성한다(연육작용으로 식감이 부드러워지며 잡내도 잡을 수 있다).
3 밑간한 등심에 밀가루-달걀물-빵가루를 입힌다.
4 기름을 160℃로 달구고 3을 넣어 7분간 튀긴다.
5 분량의 소스 재료를 섞어 소스를 만든 뒤 식빵에 골고루 펴 바른다.
6 빵 사이에 돈까스를 넣고 먹기 좋은 크기로 자른 뒤 픽을 꽂는다.

Bread & Rice 19

무화과 크루아상

'단짠'의 묘미!
무화과가 부드럽고 달콤한 잼 역할을 해요!

미니 크루아상 4개, 무화과 2개, 루꼴라, 오이피클 1캐, 슬라이스 치즈 2개, 슬라이스 햄 4개, 양파 30g, 버터 1큰술
소스 마요네즈 2큰술, 머스타드 2큰술, 씨겨자 1큰술

1 분량의 재료를 한데 넣고 섞어 소스를 만든다.
2 무화과는 4등분, 슬라이스 치즈는 2등분, 오이피클은 길게 편 썰고 양파는 얇게 채 썬다.
3 미니 크루아상은 반으로 자르고 안쪽에 버터를 바른다.
4 크루아상에 치즈-루꼴라-슬라이스 햄-소스-오이피클-양파-무화과를 차례로 올린 뒤 빵을 덮는다.

Bread & Rice 20

치아바타 샌드위치

빵의 한 쪽 면에 딸기잼 또는
블루베리잼을 바르는 게 포인트예요!
취향에 따라 올리브나
사과 슬라이스를 추가해보세요.

치아바타 2개, 버터 1큰술, 슬라이스 햄 4개, 슬라이스 치즈 2~3개, 토마토 ½개, 로메인 60g, 피클 30g, 딸기잼
머스터드소스 마요네즈 2큰술, 홀그레인머스터드 1큰술, 꿀 1큰술

1 치즈는 2등분, 토마토와 피클은 얇게 슬라이스, 로메인은 적당한 크기로 찢는다.
2 분량의 소스 재료를 섞어 머스터드소스를 만든다.
3 치아바타를 반으로 가른 뒤 한쪽 면에 버터를 바르고 다른 한쪽 면에 딸기잼을 바른다.
4 빵에 로메인-양파-햄-토마토-머스터드소스-피클-치즈를 차례로 올린다.
5 빵을 덮고 픽을 꽂은 뒤 먹기좋게 자른다.

Bread & Rice 21
퀴노아 콥 샐러드 롤

슈퍼 푸드로 유명한 퀴노아와 채소를 곁들여 더욱 건강한 맛이에요.

또띠아(8인치) 3개, 퀴노아 50g(물 200ml, 소금 한꼬집)
속재료 토마토 1개(약 100g), 아보카도 ½개, 소시지 80g, 오이 50g, 올리브 5개, 적양파(또는 양파) 50g
소스 마요네즈 2큰술, 꿀 2큰술, 레몬즙 2큰술, 허니머스터드 1큰술, 소금 ¼작은술, 후추 약간

1 냄비에 퀴노아와 물을 넣고 뚜껑을 닫아 중불에서 7분, 약불에서 3분간 익힌 뒤 볼에 담아 식힌다.
2 소시지는 끓는 물에 데친 뒤 작게 깍둑썬다.
3 오이, 씨를 제거한 토마토, 아보카도, 양파는 작게 깍둑 썰고 올리브는 다진다.
4 분량의 소스 재료를 섞어 소스를 만든다.
5 볼에 퀴노아와 다진 속재료, 소스를 넣고 고루 섞는다.
6 또띠아에 5를 놓고 돌돌 만 뒤 픽을 꽂고 3등분한다.

Bread & Rice 22

김치 아란치니 밥튀김

8~10

밥 200g, 김치 50g, 베이컨 2줄, 파프리카 1개, 모짜렐라치즈 50g, 다진 마늘 ½큰술, 올리브오일, 후추, 밀가루, 달걀 1개, 빵가루, 스리라차소스

1 김치, 베이컨, 파프리카는 다진다.
2 팬에 올리브오일을 두르고 김치, 베이컨, 파프리카를 볶는다.
3 밥에 2를 넣고 고루 섞는다.
4 밥 안에 치즈를 넣고 한입 크기로 동그랗게 뭉친 뒤 밀가루- 달걀물-빵가루 순으로 입혀 기름에 튀긴다.
5 취향에 따라 스리라차소스 또는 마요네즈를 곁들인다.

매생이 아란치니

매생이 대신 다진 파래 또는 김자반도 넣어보세요.

 8~10

매생이 100g, 밥 200g, 모짜렐라치즈 50g, 다진 양파 50g, 소금 ⅓작은술, 밀가루, 달걀, 빵가루, 다진 청양고추
명란 마요소스 저염 명란 25g, 청양고추 1개, 마요네즈 2큰술

1 매생이는 흐르는 물에 2~3번 정도 깨끗이 씻은 뒤 물기를 뺀다.
2 팬에 기름을 두르고 다진 양파를 넣어 볶다가 양파가 투명해지면 매생이, 밥, 소금을 넣고 함께 볶은 뒤 한김 식힌다.
3 밥 안에 치즈를 넣고 한 입 크기로 동그랗게 뭉친 뒤 밀가루-달걀물-빵가루 순으로 입혀 기름에 튀긴다.
4 알만 발라낸 명란젓과 청양고추와 마요네즈를 섞어 명란 마요소스를 만든 다음, 아란치니 위에 뿌리고 다진 청양고추를 살짝 얹는다.

Bread & Rice 24

달걀말이 꼬마 김밥

달걀말이 안에 단무지가 오독오독 씹히는 맛이 매력이에요.
쯔유 대신 조선간장이나 맛간장으로 간을 맞출 땐 설탕 두 꼬집을 더 넣어주세요.
간장이나 돈까스소스도 곁들여보세요.

20

김밥용 김 4장, 밥 300g, 간장 또는 돈까스소스, 밥 양념 참기름 2큰술, 후리가케 1큰술
달걀말이 달걀 4개, 꼬들 단무지 80g, 쪽파 5줄기(20g), 쯔유 2큰술, 소금 ⅓작은술

1 따뜻한 밥에 참기름, 후리가케를 넣고 고루 섞는다.
2 단무지는 다지고 쪽파는 쫑쫑 썬다.
3 달걀을 풀어 단무지, 쪽파, 쯔유, 소금을 넣고 섞는다.
4 달군 팬에 기름을 두르고 3를 부어 달걀말이를 만든다.
5 4등분한 김에 달걀말이를 올려 김발로 돌돌 만다.
6 2등분한 김에 밥을 고르게 편 다음 5를 넣고 만다.

Bread & Rice 25

매콤 오징어 김밥

연희동 김밥의 시그니처 메뉴를 응용했어요.
담백한 김밥과 함께 먹을 때 진가가 느껴집니다.
생오징어 대신 오징어포 또는 반건조 오징어도 넣어보세요.

★★★3줄

김밥용 김 3장, 밥 400g, 오징어 1마리, 무말랭이 50g, 깻잎 6장, 통깨
밥 양념 참기름 2큰술, 소금 ⅓작은술, 통깨
양념 고춧가루 2큰술, 고추장 1큰술, 2배 식초 1큰술, 물엿 1큰술, 간장 1큰술, 다진 마늘 ½큰술, 깨 약간

1 무말랭이는 물에 20분 정도 담갔다가 물에 헹구고 체에 밭쳐 물기를 뺀다.
2 오징어는 몸통과 다리를 분리하여 내장, 연골, 입, 눈을 제거한 뒤 깨끗이 씻는다.
3 끓는 물에 오징어를 넣고 3분 정도 삶은 다음 무말랭이와 같은 굵기로 채 썬다.
4 분량의 양념 재료를 섞어 양념을 만든 다음 무말랭이와 오징어를 각각 무친다.
5 밥에 참기름, 소금, 깨를 넣고 섞은 뒤 김에 고르게 펴고 깻잎, 무말랭이, 오징어를 올리고 돌돌 만다.
6 먹기 좋게 자르고 통깨를 뿌린다.

된장 마요소스
마요네즈 3큰술, 들기름 2큰술,
된장 ½큰술, 참깨 ½큰술,
청양고추 1개(다진 것)

Bread & Rice 26

애호박 꽃밥

 8~10

밥 200g, 애호박 ½개, 말차가루 두 꼬집, 소금 두 꼬집, 들기름 1큰술, 참깨 1작은술
장식용 다진 홍고추, 노란색 식용 꽃 약간

1 애호박을 반달모양으로 얇게 썰어 팬에 기름을 두르고 볶다가 소금으로 간한다.
2 밥에 말차가루, 소금, 들기름, 참깨를 넣고 고루 섞은 다음 먹기 좋은 크기로 동그랗게 뭉친다.
3 밥을 애호박으로 감싼 뒤 말차가루를 살짝 뿌린다.
4 된장 마요소스를 주먹밥에 얹거나 곁들이고 다진 홍고추나 식용 꽃으로 장식한다.

Bread & Rice 06

말차 스친 주먹밥

아욱잎 대신 호박잎이나 곰취 등의 나물류도 시도해보세요.

 8~10

밥 200g, 아욱 잎 부분 60g, 말차가루 두 꼬집, 소금 두 꼬집, 들기름 1큰술, 참깨 1작은술, **장식용** 다진 홍고추, 노란색 식용 꽃, 단무지 약간씩

1 아욱 잎을 깨끗이 씻어 끓는 물에 소금을 넣고 살짝 데친 뒤 찬물에 씻어 물기를 꼭 짠다.
2 밥에 말차가루, 소금, 들기름, 참깨를 넣고 고루 섞는다.
3 밥을 먹기 좋은 크기로 동그랗게 뭉친 다음 아욱 잎으로 감싼다.
4 된장 마요소스를 주먹밥에 얹거나 곁들이고 다진 홍고추나 식용 꽃, 단무지로 장식한다.

Bread & Rice 27

미니 초밥

<u>옐로우, 오렌지, 그린의 예쁜 색 조합은 물론 맛의 균형까지 맞춘 동글동글한 스시볼!
아보카도 대신 오이도 올려보세요.</u>

밥 400g, 훈제 연어 50g, 새우 3마리, 메추리알 3개, 아보카도 ¼개, 타임 약간, 고추냉이 약간
단촛물 식초 4큰술, 설탕 2큰술, 소금 1작은술, 다시마 1장

1 단촛물 재료를 볼에 담고 전자레인지에 10초씩 2번 돌린다.
2 뜨거운 밥에 단촛물을 붓고 고루 섞은 뒤 동그랗게 한입 크기로 뭉친다.
3 훈제 연어, 아보카도는 먹기 좋은 크기로 슬라이스, 새우는 데치고 메추리알은 프라이한다. 아보카도는 얇게 편 썬다.
4 도마에 랩을 깔고 연어-밥을 차례로 올려 감쌌다가 랩을 벗겨낸다. 새우도 같은 방법으로 한다. 메추리알 프라이는 밥 위에 올린다.
5 연어, 새우 위에 아보카도 조각을 올린 뒤 타임 잎을 아주 조금 올리고 간장과 고추냉이를 곁들인다.

Bread & Rice 28

유부 채소 말이

데친 부추는 단단해서
재료를 고정할 때도 좋고
음식이 정갈해 보이는 효과도 있어요.

 9

유부 9개, 밥 90g, 단무지 3줄, 김밥용 햄 3줄, 파프리카 30g, 게맛살 2개, 부추 10g, 무순 20g,
겨자장 연겨자 1작은술, 식초 1큰술, 물엿 1큰술, 간장 1큰술   단촛물 식초 4큰술, 설탕 2큰술, 소금 1작은술, 다시마 1장

1 냄비에 단촛물 재료를 모두 넣고 약불에서 끓인다. 끓기 시작하면 다시마를 건져내고 식힌다.
2 뜨거운 밥에 단촛물을 붓고 고루 섞는다.
3 단무지와 햄은 3등분, 파프리카는 채 썰고 게맛살은 손으로 길게 찢는다. 부추는 끓는 물에 살짝 데친다.
4 유부 위에 밥을 얇게 깔고 단무지, 햄, 파프리카, 게맛살, 무순을 올린 뒤 감싸서 부추로 묶은 다음 겨자장을 곁들인다.

Bread & Rice 29

크래미 유부초밥

아삭한 오이와 크래미를 부드럽고 알싸한
와사비 마요소스와 버무려
촉촉하고 개운해요!

 10

유부 10개, 밥 200g, 크래미 3개, 오이 1개, 검정 통깨
와사비 마요소스 허니머스터드 2큰술, 마요네즈 4큰술, 간장 1작은술, 연와사비 1작은술, 후추 약간

1 크래미는 결대로 찢고 오이는 4등분 한 뒤 채 썬다.
2 분량의 소스 재료를 섞어 와사비 마요소스를 만든다.
3 양념의 ⅔는 밥에 섞고 나머지는 크래미, 오이와 함께 섞는다.
4 유부에 밥을 채운 뒤 양념한 크래미, 오이를 올리고 검정 통깨를 뿌린다.

Bread & Rice 30

베이컨 치즈말이 밥

단무지 대신 배추김치나 깍두기도 넣어보세요.

8

밥 200g, 단무지 2줄(40g), 검은깨 1큰술, 참기름 1큰술, 소금 ¼작은술, 베이컨 4줄(100g), 슬라이스 치즈 4개

1 단무지를 다져서 밥에 검은깨, 참기름, 소금과 함께 섞는다.
2 밥을 한입 크기로 동그랗게 뭉친다.
3 슬라이스 치즈와 베이컨은 이등분한다.
4 밥을 치즈로 먼저 감싼 다음 베이컨으로 감싼다.
5 달군 팬에 기름을 살짝 두르고 중불에서 굴려가며 익힌다(먼저 끝부분을 아래로 가게 하여 익힌 다음 돌려가며 익힌다).

Bread & Rice 31

완자 가래떡

가래떡 안에 고기소가 가득, 쫀득한 떡갈비!
양끝을 데친 미나리로 묶으면 정갈해 보여요.

가래떡 300g, 소고기 다짐육 200g, 양파 80g, 당근 40g, 생표고버섯 40g, 전분, 미나리 5줄기, 소금, 참기름, 식용유
소고기 양념 진간장 4큰술, 참기름 2큰술, 설탕 4작은술, 다진 마늘 2작은술, 후추 약간, 깨소금 약간

1 가래떡은 8~9cm 길이로 썰어서 속에 소를 넣을 수 있을 만큼 길게 칼집을 내고 참기름으로 버무린다.
2 끓는 물에 소금을 넣고 미나리 줄기를 데치고 양파, 당근, 표고버섯은 잘게 다진다.
3 분량의 양념 재료를 섞어 소고기 양념을 만든다.
4 소고기는 키친 타올로 핏물을 제거한 뒤 잘게 다진 채소와 양념을 넣고 고루 치댄다.
5 칼집 낸 떡을 벌려 속에 전분을 얇게 바르고 고기 반죽을 채운다.
6 팬에 기름을 살짝 두르고 약불에서 살살 굴려가며 굽는다.
7 데친 미나리로 떡의 양끝을 묶는다.

Bread & Rice 32

기름 떡볶이

통인시장의 인기 떡볶이,
간단하게 떡꼬치로 즐겨보세요.

 10

떡볶이 떡 300g, 식용유 3큰술, 통깨,
양념 간장 2.5큰술, 고춧가루 2큰술, 올리고당 2큰술, 참기름 1큰술, 다진 마늘 1작은술, 후추

1 끓는 물에 떡을 살짝 데친 뒤 분량의 양념 재료를 넣고 버무린다.
2 팬에 기름을 두르고 양념한 떡을 넣고 약불로 볶다가 겉이 노릇하게 구워지면 불을 끄고 통깨를 뿌린다.
3 기호에 따라 2~3개씩 꼬치에 꽂는다.

Bread & Rice 33

채소 떡꼬치

소시지의 짠맛을 채소의 단맛이 잡아줘요.
파프리카와 애호박, 가지는 다른 채소로
대체해도 좋지만, 대파와 토마토는 꼭 넣으세요.

 10

비엔나 소시지 10~20개, 떡볶이 떡 10~20개, 방울토마토 10개, 대파 흰대 2대, 빨간 파프리카 ½개, 노란 파프리카 ½개, 애호박 ⅓개, 가지 ⅓개
소스 케찹 2큰술, 고추장 1큰술, 간장 1큰술, 물엿 1큰술, 고춧가루 ½큰술, 설탕 ½큰술, 마늘 ½큰술

1 분량의 소스 재료를 섞어 소스를 만든다.
2 비엔나 소시지는 칼집을 내고 대파, 파프리카, 애호박, 가지는 떡볶이 떡 크기로 썬다.
3 꼬치에 소시지, 대파, 파프리카, 애호박, 가지, 방울토마토, 떡볶이 떡을 꽂는다.
4 달군 팬에 기름을 두르고 3을 굽는다.
5 재료들이 노릇하게 익으면 소스를 앞뒤로 바른 뒤 약불에서 타지 않게 살짝 더 굽는다.

Main Dish

작지만 강한 메인 요리!

한 끼 식사로도 충분히 볼륨감이 있는 메뉴부터
간식이나 안주로 좋은 메뉴까지 다양해요.
고기, 생선, 야채 등 재료를 골고루 활용하고
저만의 비법 소스로 맛의 조화와 균형감을 찾았어요.
완성된 요리에 허브나 견과류, 양념 등으로
점,선,면 형태의 포인트를 주면서
모양을 감각적으로 완성해보세요.

on the table

Main Dish > 고기 01

교촌 봉

 9~10

닭봉 300g, 우유, 전분 50g
간장 소스 간장 2큰술, 물 4큰술, 굴소스 1큰술, 설탕 1큰술, 물엿 2큰술, 다진 마늘 1.5큰술, 맛술 1큰술, 베트남 고추 2~3개
닭봉 밑간 소금 2작은술, 후추 약간, 맛술 4큰술

1 닭봉은 손잡이 부분에 칼집을 낸 뒤 살을 위로 올려 뒤집는다.
2 손질한 닭봉을 우유에 30분 정도 담근 뒤 헹구고 밑간한다.
3 닭봉에 전분가루를 입혀 180℃로 예열한 기름에 두 번 튀긴다.
4 양념 재료를 팬에 넣고 졸인 뒤 솔에 묻여 튀긴 닭봉에 바른다.
6 유산지와 빵 끈으로 손잡이 부분을 감싼다.

Main Dish > 고기 02

닭 가슴살 과카몰리 컵

8

만두피 8개, 닭 가슴살 1개, 고수 약간(생략 가능), 유산지 컵 55mm
닭 가슴살 밑간 올리브오일 2큰술, 맛술 1큰술, 소금, 후추 약간
과카몰리 아보카도 1개, 토마토 ½개, 적양파 ¼개, 다진 할라피뇨 ½큰술, 라임 또는 레몬 ½개,
다진 마늘 1작은술, 소금 ½작은술, 설탕 ½작은술, 후추 약간

1 닭 가슴살은 칼집 낸 뒤 밑간한다.
2 만두피에 기름을 발라 유산지 컵에 넣고 180℃로 예열한 오븐에서 13~14분 정도 굽는다.
3 밑간한 닭 가슴살은 팬에 구운 뒤 작게 깍둑 썬다.
4 아보카도는 으깨고 씨를 뺀 토마토, 적양파는 작게 깍둑 썰어 분량의 과카몰리 재료를 한데 넣고 섞는다.
5 만두 컵에 과카몰리를 담고 닭 가슴살을 올린 다음 기호에 따라 고수로 장식한다.

Main Dish > 고기 03

코코넛 안심 텐더

빵가루에 코코넛 칩을 넣으면
은은한 코코넛의 풍미가 느껴져요.

 16

닭 안심 230g, 밀가루 50g, 달걀 1개, 코코넛 칩 40g, 빵가루 30g, 우유
닭 밑간 소금 1작은술, 후추 약간, 맛술 3큰술
스위트 칠리소스 스리라차소스 1큰술, 꿀 1.5큰술, 다진 양파 1큰술

1 닭 안심은 우유에 30분 정도 담근 뒤 헹궈서 밑간하고 달걀은 풀고, 코코넛 칩은 빻아서 빵가루와 섞는다.
2 밑간한 닭 안심에 밀가루-달걀물-코코넛 칩+빵가루를 입힌다.
3 160℃로 달군 기름에 닭 안심을 노릇하게 두 번 튀긴다.
4 분량의 소스 재료를 섞어 스위트 칠리소스를 만들어 살짝 뿌리고 나머지는 곁들인다.

Main Dish > 고기 04

닭강정

 10

닭다리 살 300g, 우유, 마늘 3~4개, 청양고추 1개, 땅콩
닭다리 살 밑간 소금 2작은술, 후추, 맛술 3큰술 **반죽** 감자전분
고추장 양념 고추장 1.5큰술, 물 2큰술, 간장 ½큰술, 케찹 1큰술, 물엿 1.5큰술, 다진 마늘 1큰술, 맛술 1큰술, 매실청 1큰술, 후추 약간

1 닭다리 살은 3~4cm 크기로 썰어 우유에 30분 정도 담근 뒤 헹구고 밑간하고 분량의 재료로 양념을 만든다.
2 밑간한 닭을 전분가루를 입혀 180℃로 예열한 기름에 두 번 튀긴다.
3 팬에 올리브 오일을 두르고 편 썬 마늘을 오래 볶다가 약불로 줄여 분량의 고추장 양념 재료를 넣고 졸인다.
4 졸인 양념에 얇게 썬 청양고추, 다진 땅콩, 튀긴 닭을 넣고 버무린 뒤 곧바로 냉장고에 넣어 빨리 식힌다.

Main Dish > 고기 05

닭꼬치

<u>양념을 발라 두면 식어도 맛있어요.
남은 음식은 냉장고에 보관하고
먹을 때 팬에 한 번 데우세요.</u>

 8~10

닭다리 살 150g, 대파 80g, 파프리카 80g, 가지 80g, 우유
닭 밑간 소금 ½작은술, 후추 약간, 맛술 2큰술
고추장 양념 고추장 2큰술, 물 2큰술, 간장 1.5큰술, 케찹 1큰술, 물엿 1큰술, 다진 마늘 1큰술, 맛술 1큰술, 매실청 1큰술, 후추 약간

1 닭다리 살을 3~4cm 크기로 썰어 우유에 30분 정도 담근 뒤 헹구고 밑간한다.
2 분량의 양념 재료를 섞어 고추장 양념을 만든다.
3 대파, 파프리카, 가지를 닭과 비슷한 크기로 썰고 꼬치에 닭다리 살, 대파, 파프리카를 끼운다.
4 달군 팬에 기름을 두르고 중불에서 익히다가 겉면이 노릇하게 익으면 소스를 발라 중약 불에서 양념이 골고루 배도록 더 익힌다.

Main Dish > 고기 06

데리야끼 치킨 랩

남녀노소 누구나 좋아하는 건강하고 맛있는 한입 샌드위치.
닭 안심 대신 가슴살을 넣어도 좋아요.
다이어트식으로도 추천해요.

8

닭 안심 180g, 또띠아 2장(8인치), 양상추 70g, 토마토 1개, 피망 40g, 양파 60g, 우유, 로즈마리
닭 안심 밑간 소금 ½작은술, 후추 약간, 맛술 2큰술
데리야끼소스 진간장 2큰술, 맛술 1큰술, 매실청 1큰술, 설탕 ½큰술, 다진 마늘 ½큰술, 페페론치노 2~3개, 후추 약간
머스타드소스 마요네즈 2큰술, 홀그레인 머스타드 1큰술, 꿀 1큰술

1 닭 안심은 우유에 30분 정도 담근 뒤 헹구고 밑간한다.
2 밑간한 닭에 데리야끼소스 재료를 모두 넣고 버무린 뒤 팬에 조린다.
3 양상추는 한입 크기로 썰고, 토마토는 얇게 썰고, 피망, 양파는 채 썬다.
4 머스타드소스를 만들어 또띠아에 펴 바른다.
5 양상추-닭고기-토마토-피망-양파를 올리고 돌돌 만다.
6 일정한 간격을 유지하며 픽을 꽂고 4등분 한다.

Main Dish > 고기 07

닭 가슴살 명란 아보카도 롤

명란을 미리 데쳐 넣어도 맛있어요.
어디에서도 먹어 보기 힘든 건강한 맛!
적극 추천해요.

6

닭 가슴살 1덩어리(100g), 아보카도 ⅓개, 저염 명란 70g, 김밥용 김 ½장, 깻잎 3장, 밀가루 20g, 달걀 1개, 빵가루 30g
명란 마요소스 저염 명란 25g, 마요네즈 2큰술, 청양고추 1개
닭 가슴살 밑간 소금 ½작은술, 후추 약간, 맛술 1큰술

1 닭 가슴살은 얇게 저며 밑간한 뒤 3등분한다.
2 아보카도는 길게 썰고 명란은 소스용을 남겨놓고 나머지를 3등분한다.
3 김은 3등분하고 깻잎은 2등분한다.
4 밑간한 닭 가슴살에 깻잎-김-명란-아보카도를 넣고 살살 만다.
5 4에 밀가루-달걀물-빵가루를 순서대로 입힌 뒤 180℃로 예열한 기름에 노릇하게 튀긴다.
6 기호에 따라 2~3등분 후 픽을 꽂고 명란 마요소스를 얹는다.

Main Dish > 고기 08

소시지 아스파라거스 베이컨 말이

아스파라거스를 넣으면 색도 예쁘고 베이컨의 짠맛도 줄일 수 있어요.

소시지 4개, 아스파라거스 4개, 베이컨 4줄, 식용유, 이탈리안 파슬리 조금
디핑소스 케찹 1큰술, 타바스코소스 ½작은술, 다진 파슬리 ½작은술

1 소시지는 칼집을 낸 뒤 아스파라거스와 함께 베이컨으로 감싼다.
2 달군 팬에 기름을 살짝 두르고 1을 굽는다.
3 다진 파슬리를 뿌린다.
4 분량의 소스 재료를 섞어 디핑소스를 만든 뒤 곁들인다.

Main Dish > 고기 09

로즈마리 미니 완자

 6~7

소고기 다짐육 100g, 돼지고기 다짐육 100g, 로즈마리 5g, 다진 양파 100g(약 ½개), 다진 마늘 1큰술,
굴소스 ½큰술, 간장 ½큰술, 설탕 ½큰술, 후추 약간, 식용유

소스 양파 ½개, 마늘 2개, 양송이버섯 2개, 물 ¼컵, 돈까스소스 또는 스테이크소스 6큰술, 스위트 칠리소스 2큰술, 간장 1큰술

1 팬에 버터 1큰술을 넣고 다진 양파와 다진 마늘을 노릇하게 볶은 뒤 한 김 식힌다.
2 볼에 1과 나머지 재료를 넣고 잘 치대어 모양을 잡은 뒤 로즈마리를 꽂는다.
3 달군 팬에 기름을 두르고 완자를 넣어 앞뒤로 노릇하게 굽는다.
4 양파, 마늘, 양송이버섯은 얇게 슬라이스한다.
5 팬에 기름을 두르고 양파, 마늘, 양송이버섯을 볶다가 노릇해지면 나머지 소스 재료를 넣고 살짝 졸인다.
6 구운 완자 위에 소스를 살살 뿌리고 남은 소스는 완자에 곁들인다.

Main Dish > 고기 10

소고기 채소 말이

<문스타테이블 홈파티> 에 수록된 오색 소고기 말이 2탄이에요.
표고와 쪽파의 향이 은은하게 퍼지는 것이 2탄의 매력입니다.
기호에 따라 깻잎도 추가해 보세요.

 22~24

소고기 불고기용 또는 샤브샤브용 300g ,떡볶이 떡 130g, 쪽파 60g, 건표고버섯 5개, 빨강 파프리카 1개, 노랑 파프리카 1개, 식용유
양념 진간장 3큰술, 설탕 1큰술, 매실청 1큰술, 물 2큰술, 맛술 1큰술, 참기름 1큰술, 다진 마늘 1큰술, 후추 약간

1 건표고버섯은 찬물에 30분 정도 불린다.
2 소고기는 키친타올로 핏물을 제거한 뒤 분량의 양념 재료를 넣고 10분 정도 재운다.
3 떡은 끓는 물에 살짝 데친 뒤 길게 반으로 자른다.
4 쪽파는 4cm 길이로 썰고 표고버섯, 파프리카는 채 썬다.
5 소고기를 넓게 펴서 떡, 쪽파, 표고버섯, 파프리카를 올린 뒤 돌돌 만다.
6 달군 팬에 기름을 살짝 두르고 소고기 말이를 굴려가며 노릇하게 구운 뒤 2등분하여 접시에 담는다.

Main Dish > 고기 11

바베큐소스 립

타임이나 석류, 산딸기 등으로 장식해보세요.
특별한 날 화려한 요리가 될 수 있어요.
보다 매콤한 맛을 원하면 조릴 때 베트남 고추 2~3개를 추가해보세요.

 8~9

등갈비 500g(8~9개), 버터 1큰술, 마늘 슬라이스 2개, 양파 120g,
시판 바베큐소스 160ml, 핫소스 1큰술, 물엿 1작은술(생략 가능), 소금 약간, 후추 약간
육수 재료 파 1대, 마늘 4개, 생강 1개(10g), 월계수 잎 3개, 물 3컵

1 등갈비는 찬물에 20분 정도 담궈 핏물을 제거한다.
2 냄비에 등갈비와 육수 재료를 넣고 뚜껑을 연 상태로 강불에서 5분 끓였다가 뚜껑을 닫고 약불에서 35분간 푹 끓인다.
3 팬에 버터를 두르고 마늘, 채 썬 양파, 익힌 등갈비를 넣고 소금으로 간한 뒤 고르게 볶는다.
4 함께 끓인 육수 150ml, 바베큐소스, 핫소스, 약간의 후추를 넣고 강불에서 5분간 끓였다가 불을 끄고 윤기가 돌도록 물엿을 넣고 버무린다.

Main Dish > 달걀 01
달걀 튀김

달걀 반숙에 빵가루를 입혀 겉은 바삭하고 속은 촉촉한 핑거 푸드!
마요 스리라차소스를 곁들여 풍미가 좋고 느끼하지 않아요.

6

달걀 4개, 밀가루, 카레가루, 빵가루, 파슬리 가루, 소금 한 꼬집
소스 마요네즈 2큰술, 스리라차소스 ½큰술

1 달걀 3개는 찬물에 넣어 끓기 시작하면 4분 동안 더 삶고 1개는 소금 한 꼬집을 넣고 달걀물을 만든다.
2 삶은 달걀에 카레가루-밀가루를 차례로 입힌 뒤 달걀물에 담궜다가 파슬리를 섞은 빵가루를 입힌다.
3 160℃로 예열한 기름에 달걀을 노릇하게 튀긴다.
4 마요네즈와 스리라차소스를 섞어 곁들인다.

Main Dish > 달걀 02

데빌드 에그 플라워

고대 로마시대에서 유래된 데빌드 에그 플라워는 미국에서 특히 인기 있는 파티 음식 중 하나예요.
보통 달걀을 세로로 썰어 속을 채우지만 여기서는 가로로 썰어 더 작고 동그랗게 만들었어요.
바닥이 편편해지도록 달걀 끝을 슬라이스해야 안정감 있어요.

 6

달걀 3개, 미니 사과 2개, 석류알 6개, 타임 잎 6개, 설탕 1큰술
퓨레소스 다진 양파 2큰술, 다진 올리브2큰술, 마요네즈 2큰술, 그라노파나노치즈 1큰술, 꿀 1큰술, 소금 $\frac{1}{3}$작은술, 후추 $\frac{1}{3}$작은술

1 사과는 슬라이스하여 설탕 1큰술을 넣고 5분간 재운다.
2 설탕에 절인 사과를 가지런히 나열한 뒤 말아서 꽃모양을 만든다.
3 달걀이 완전히 잠기도록 냄비에 물을 넣고 15분간 완숙으로 찐 다음 가로로 슬라이스하여 노른자를 분리한다.
4 퓨레소스와 노른자를 한데 섞은 뒤 짤주머니에 넣어 흰자의 속을 채운다.
5 타임 잎을 노른자와 흰자의 경계선을 따라 둘러 준 뒤 석류나 사과 꽃을 올린다.
6 취향에 따라 꿀을 뿌린다.

Main Dish > 두부 01

두부김치 스팸 샌드

스팸의 짠맛을 두부가 잡아줘요.
볶음김치가 가운데 쏙 들어가 특별한 양념이 없어도 맛있어요.
기호에 따라 김치를 빼고 더 작게 만들어 간편한 술안주로도 가능해요.

두부 200g, 스팸 150g, 김치 100g, 양파 30g, 참기름 1큰술, 설탕 약간, 통깨

1 두부와 스팸은 0.5cm 두께로 썬 뒤 틀로 찍어 모양을 내고 두부는 키친타올로 물기를 제거한다.
2 김치는 2~3cm 길이로 썰고 양파는 채 썬다.
3 달군 팬에 스팸을 구운 뒤 기름을 두르고 두부도 앞뒤로 노릇하게 굽는다.
4 달군 팬에 기름을 두르고 양파, 김치, 설탕을 넣고 볶다가 양파가 투명해지면 참기름과 통깨를 넣어 섞는다.
5 두부-스팸-볶음김치-두부-스팸을 차례로 올려 픽을 꽂는다.

Main Dish > 두부 02

삼겹살 두부김치 말이

양념을 따로 하지 않아도 잘 익은 김치만 있으면 가능해요.
두부를 김치 이파리로 감싼 후 얇은 삼겹살로 한번 더 감싸,
한국인 입맛을 사로잡는 매력적인 요리가 돼요.

 10~12

대패 삼겹살 100g, 두부 200g, 김치 이파리10장정도 , 식용유
삼겹살 밑간 청주 1큰술, 소금 약간, 후추 약간

1 삼겹살은 밑간하여 30분간 재운다.
2 두부는 한입 크기(16등분)로 썰어 키친타올로 물기를 제거한다.
3 김치는 속을 털어낸 후 두부를 감쌀 크기로 자른다.
4 김치에 두부를 올려 돌돌 말고 삼겹살로 한 번 더 만다.
5 달군 팬에 기름을 살짝 둘러 중약 불에서 굴려가며 노릇하게 굽는다.

Main Dish > 두부 03

불고기 두부 버거

두부 200g, 소고기 100g, 양파 20g, 파 10g, 느타리버섯 20g, 부침가루, 달걀, 식용유

양념 간장 1.5큰술, 물 3큰술, 참기름 1큰술, 올리고당 1큰술, 설탕 1큰술, 다진 마늘 1작은술, 깨소금 약간, 후추 약간

1 소고기는 핏물을 제거하고 양파와 파는 채 썰고 버섯은 잘게 찢는다.
2 볼에 소고기, 양파, 파, 버섯, 분량의 양념 재료를 넣고 버무린 뒤 10분간 재운다.
3 두부는 한입 크기로 썰어 소금을 뿌린 뒤 키친타올로 물기를 제거한다.
4 두부에 부침가루, 달걀물을 입힌 뒤 팬에 기름을 두르고 중불에서 앞뒤로 노릇하게 부친다.
5 달군 팬에 재워둔 고기를 볶는다. 두부 사이에 불고기를 넣는다.

Main Dish > 두부 04

매콤 두부 부침

 6

두부 300g, 미나리 6줄기, 소금 약간
양념 진간장 1.5큰술, 고춧가루 ½큰술, 설탕 ½큰술, 맛술 ½큰술, 물 4큰술, 다진 마늘 1작은술, 참기름 1작은술, 후추 약간, 깨소금 약간

1 두부는 한입 크기로 썰어 소금을 뿌린 뒤 키친타올로 물기를 제거하고 미나리는 끓는 물에 소금을 넣고 살짝 데친다.
2 분량의 양념 재료를 섞어 양념장을 만든다.
3 달군 팬에 기름을 두르고 중불에서 두부를 앞뒤로 노릇하게 굽는다.
4 3에 양념장을 넣고 약불에서 조린다.
5 조린 두부 2개를 겹쳐 미나리로 묶는다.

Main Dish > 버섯 01

양송이 치즈 구이

케이터링 인기 메뉴예요.
양송이에 고기를 볶아서 채우기 때문에
오븐 대신 에어프라이어나
전자레인지 사용이 가능해요.

 10

양송이 10개, 소고기 다짐육 50g, 양파 30g, 브로콜리 20g, 모차렐라치즈, 다진 마늘 1작은술,
파마산치즈 가루 2작은술, 후추 약간, 올리브오일, 트러플오일, 발사믹 글레이즈 약간

1 양송이는 밑동을 떼고 겉의 얇은 껍질을 벗겨낸다.
2 버섯 밑동, 양파, 브로콜리를 잘게 다진다.
3 팬에 올리브오일을 두르고 다진 마늘을 볶아 향을 낸 뒤 다진 소고기-다진 채소 순으로 넣고 볶다가 후추, 파마산치즈로 간한다.
4 밑동을 뗀 양송이버섯에 3을 넣고 모차렐라치즈를 부려 190℃로 예열한 오븐에서 5~6분 정도 구운다.
5 기호에 따라 트러플 오일과 발사믹 글레이즈를 뿌리고 파슬리나 쑥갓 잎을 올린다.

Main Dish > 버섯 02

새송이버섯 말이

새송이를 고정하려면
쪽파 잎 부분을 데친 후 감아요.

 10~15

새송이버섯 2개, 크래미 2개, 쪽파 40g, 무순 20g, 어묵 1장
어묵 양념 진간장 1작은술, 참기름 1작은술, 설탕 ½작은술
참깨 마요드레싱 참깨 5큰술, 마요네즈 5큰술, 레몬즙 2큰술, 설탕 2큰술, 간장 1큰술, 매실청 1큰술, 참기름 1큰술

1 새송이버섯은 길이대로 얇게 썰고 크래미는 결대로 찢는다. 쪽파, 무순은 3cm 길이로 썬다.
2 어묵은 3cm 길이로 채 썰어 분량의 재료로 양념한다.
3 달군 팬에 기름을 살짝 둘러 새송이버섯, 쪽파, 어묵을 각각 볶는다.
4 새송이버섯에 크래미, 쪽파, 무순, 어묵을 올리고 살살 감싼다.
5 분량의 드레싱 재료로 참깨 마요드레싱을 만들어 곁들인다.

Main Dish > 버섯 03

새송이버섯 떡갈비

떡갈비 안에 떡과 새송이버섯이 들어가 쫀득하면서도 부드러워요.
잣을 곱게 빻아 살짝 얹으면 맛도 고소하고 정갈해 보여요.

20

소고기 다짐육 200g, 돼지고기 다짐육 100g, 떡볶이 떡 260g, 새송이버섯 4~5개, 전분, 잣 약간, 쑥갓 조금
양념 간장 3.5큰술, 맛술 2큰술, 참기름 2큰술, 다진 양파 3큰술, 다진 마늘 1큰술, 다진 파 1큰술, 설탕 1.5큰술, 깨소금 약간, 후추 약간

1 소고기, 돼지고기는 키친타올로 핏물을 제거한다.
2 떡은 끓는 물에 살짝 데치고 새송이버섯은 떡과 같은 크기로 자른다.
3 분량의 양념 재료를 잘 섞어 소고기, 돼지고기에 묻혀 치댄다.
4 떡과 버섯에 전분을 살짝 묻혀 고기반죽을 붙인다.
5 달군 팬에 기름을 두르고 약불에서 굽는다.
6 곱게 빻은 잣과 쑥갓을 가운데 얹어 장식한다.

Main Dish > 생선 01

바질 마요소스 새우 베이컨 말이

저의 시그니처 메뉴예요. 강력 추천!
베이컨과 새우를 함께 말아 구우면 맛의 시너지가 생겨요.
부드럽고 향긋한 바질 마요소스가 맛의 균형을 완벽하게 잡아줘요.
바질 마요소스 대신 시판 랜치소스나 시저드레싱, 칠리소스도 곁들여보세요.
베이컨은 oscar mayer 저염 제품을 추천해요. 잘 말리면서 맛도 좋아요.

 10

새우 10마리, 베이컨 5줄

바질 마요소스 바질 30g, 마늘 2~3개, 마요네즈 1컵, 그릭 요거트 4큰술, 레몬즙 2큰술, 버터 1큰술, 파마산치즈 가루 1큰술, 소금 1작은술, 후추 약간

1 분량의 소스 재료를 블렌더에 넣고 갈아 바질 마요소스를 만든다.
2 베이컨을 2등분한 뒤 베이컨으로 새우를 말아 팬에 굽는다.
3 컵에 바질 마요소스를 담고 새우를 걸치듯 넣은 뒤 스리라차소스를 1~2방울 떨어뜨린다.

Main Dish > 생선 02

소시지 새우 꼬치

6

소시지 1개, 새우 6개, 마늘 2~3개, 페페론치노 1~2개, 파슬리, 올리브오일

1 소시지를 먹기 좋은 크기로 자른 뒤 새우로 감싸서 픽을 꽂는다.
2 마늘은 얇게 편 썰고 페페론치노, 파슬리는 다진다.
3 팬에 올리브오일을 두르고 마늘, 페페론치노를 볶은 뒤 소시지 새우 픽을 넣어 앞뒤로 노릇하게 굽는다.
4 취향에 따라 다진 파슬리를 뿌린다.

Main Dish > 생선 03

칠리소스 코코넛 새우튀김

코코넛 향과 스위트칠리소스가 만나
고소하면서도 매콤해요.

새우 6마리, 밀가루 25g, 달걀 1개, 코코넛 칩 20g, 빵가루 15g
새우 밑간 소금, 후추, 맛술 1큰술
스위트칠리소스 스리라차소스 1큰술, 꿀 1.5큰술, 다진 양파 1큰술

1 새우는 분량의 재료로 밑간한다.
2 달걀은 풀고, 코코넛 칩은 빻아서 빵가루와 섞는다.
3 밑간한 새우에 밀가루-달걀물-코코넛칩+빵가루를 입힌다.
4 160℃로 예열한 기름에 새우를 노릇하게 두 번 튀긴다.
5 스위트 칠리소스를 만들어 새우튀김에 곁들인다.

Main Dish > 생선 04

감자전 연어 까나페

감자로 까나페를 만들면 풍미가 좋고 고소해요.
바게트 안에 연어와 홀스래디쉬소스를 넣어 샌드위치도 만들어보세요.

 10

감자 2개, 훈제 연어 슬라이스 100g, 딜, 소금 약간, 후추 약간
홀스래디쉬소스 마요네즈 2큰술, 다진 양파 2큰술, 다진 오이피클 1큰술, 다진 딜 1큰술, 크림치즈 1.5큰술, 버터 1큰술,
그릭 요거트 1큰술, 꿀 1큰술, 레몬즙 1큰술, 연와사비 ½큰술, 소금 ½작은술, 후추 약간

1 분량의 소스 재료를 섞어 홀스래디쉬소스를 만든다.
2 감자는 0.2cm 두께로 채 썬다.
3 달군 팬에 기름을 두르고 감자를 3~4cm 크기로 둥글게 부친다.
4 감자에 훈제 연어와 소스를 올린 다음 케이퍼와 딜을 올린다.

Main Dish > 생선 05

연어 달걀 까나페

달걀 위에 연어 꽃! 슈퍼 푸드가 한입에 쏙~ 연어알이 포인트예요.
연어알 대신 숭어알 또는 날치알도 얹어보세요. 부추는 다른 허브로 대체할 수 있어요.

 10

달걀 5개, 훈제 연어 슬라이스 100g, 연어알 100g, 부추 조금(생략가능), 참기름
필링 달걀 노른자 5개, 마요네즈 2큰술, 다진 양파 1큰술, 머스타드 1큰술, 케첩 ½큰술, 레몬즙 ½큰술, 꿀 ½큰술, 후추 약간
(Tip : 양파는 최대한 잘게 다진다.)

1 달걀 5개를 15분 동안 삶아 찬물에 담근 뒤 껍질을 깐다.
2 삶은 달걀은 세로로 반을 자른 뒤 흰자와 노른자를 분리하고 흰자는 깨끗하게 준비한다.
3 달걀 노른자를 으깨서 분량의 필링 재료와 섞은 뒤 짤주머니에 넣는다.
4 달걀 흰자에 필링을 채운다.
5 달걀 위에 돌돌 만 연어, 연어알, 쫑쫑 썬 부추를 얹고 참기름을 1~2방울 뿌린다.

Main Dish > 생선 06

연어 새우 아보카도 크림 컵

진한 아보카도 크림소스 위에 연어와 새우를 넣은 샐러드!
취향에 따라 쭈꾸미를 넣어도 좋아요
껍질을 벗긴 아보카도는 레몬이나 라임 주스를 살짝 뿌려두면 변색을 예방할 수 있어요.

 6~8

잘 익은 아보카도 3개, 훈제 연어 슬라이스 100g, 자숙 새우 20개, 레몬 ½개, 타임 조금
아보카도 크림소스 밑간 라임 주스 5큰술, 캐슈넛 ⅓컵, 땅콩 1큰술, 양파 ⅓컵, 다진 마늘 ½작은술, 소금 1작은술
연어, 새우 밑간 엑스트라버진 올리브오일 5큰술, 레몬즙 2큰술, 화이트와인(또는 청주) 1큰술, 꿀 1작은술, 다진 생바질 2큰술,
다진 양파 2큰술, 다진 마늘 1큰술, 굵은 소금 2작은술, 후추 ½작은술

1 훈제 연어는 2x10cm로 자르고 자숙 새우는 끓는 물에 살짝 데쳐 물기를 뺀 뒤 밑간 재료로 버무려 30분간 냉장고에서 숙성한다.
2 아보카도 반 개는 작게 깍둑 썰기하고, 레몬은 슬라이스한 뒤 2등분한다.
3 나머지 아보카도는 분량의 아보카도 크림소스 재료와 함께 곱게 간다.
4 컵 바닥에 3을 담고 훈제 연어, 새우, 깍둑썰기한 아보카도를 보기좋게 올린다.
5 레몬 조각, 타임으로 장식한다.

Main Dish > 생선 07

연어 오이 픽

 10

훈제 연어 슬라이스 60g, 오이 ½개, 부추 2줄(생략가능)
타르타르소스 마요네즈 3큰술, 사워 크림 2큰술, 다진 락교 1큰술, 레몬즙 1큰술, 설탕 1.5작은술, 소금 약간

1 훈제 연어는 3cm 길이로 썰고 오이는 면적이 넓게 나오도록 길게 어슷썬다.
2 분량의 소스 재료를 섞어 타르타르소스를 만든다.
3 오이에 연어를 감싸서 픽을 꽂고 소스를 살짝 올린 뒤 부추로 장식한다.

Main Dish > 생선 08

연어 튀김

연어를 깍둑썰기로 잘라 튀겨주세요!
밑간을 하고 튀기면 식어도 비린 맛이 나지 않아요!
여기에 곁들이는 토마토 살사소스는 식어도 맛있는 연어 튀김을 완벽하게 만들어줍니다.
고수를 좋아하시는 분들은 꼭 한번 곁들여 보시길 추천해요!

 10

구이용 연어 200g, 밀가루, 달걀, 빵가루
연어 밑간 청주 2큰술, 소금 1작은술, 후추 ½작은술
토마토 살사소스 잘 익은 토마토 2개, 청양고추 2개, 적양파 50g, 고수 15g, 레몬즙 2큰술, 올리브오일 2큰술,
타바스코소스 ½큰술, 설탕 1작은술, 소금 ½작은술, 후추 약간

1 연어는 한입 크기로 깍둑 썰어 밑간한다.
2 밑간한 연어에 밀가루, 달걀물, 빵가루를 입힌다.
3 160℃로 달군 기름에 연어를 노릇하게 두 번 튀긴다.
4 토마토, 청양고추, 양파를 작게 깍뚝 썰어 분량의 소스 재료와 섞어 토마토 살사소스를 만든다.
5 연어 튀김에 픽을 꽂고 토마토 살사소스를 살며시 올린 뒤 기호에 따라 라임즙을 짜 넣는다.

Main Dish > 치즈 01

큐브 치즈 픽

막대 과자를 픽으로 사용해 손잡이까지 통째로 먹어요.

 10

큐브 치즈 10개, 하몽 50g, 샤인머스캣 5알, 블루베리 10알, 막대 과자 10개

1 샤인머스캣은 2등분하고 하몽 1줄은 4등분한다.
2 큐브 치즈-하몽-샤인머스캣-블루베리 순으로 막대 과자에 꽂는다.

Main Dish > 치즈 02

무화과 브리치즈 구이

무화과 대신 딸기나 체리도 올려보세요.

무화과 1개, 브리치즈 1개, 아몬드 3~5개, 호두 3~5개, 냉동 베리 30g, 메이플시럽

1 달군 팬에 브리치즈를 앞 뒤로 노릇하게 굽는다.
2 무화과는 먹기 좋은 크기로 썬다.
3 브리치즈 위에 무화과, 아몬드, 호두, 베리류를 얹은 뒤 메이플시럽을 뿌린다.

Main Dish > 채소와 과일 01

알감자 베이컨 말이

칼로리가 적고 체내의 나트륨 배출을 돕는 알감자는
한입에 통째로 먹을 수 있어서 핑거 푸드로 만들기 좋아요.
고수를 좋아한다면 꼭 곁들여보세요.

8

알감자 8개, 베이컨 4줄, 소금 1작은술
갈릭 치즈소스 다진 마늘 2큰술, 다진 양파 1큰술, 버터 ½큰술, 우유 200ml, 슬라이스 치즈 3장, 파프리카 파우더 1작은술

1 팬에 버터를 녹여 다진 마늘, 다진 양파를 볶는다.
2 1에 우유, 슬라이스 치즈, 파프리카 파우더를 넣고 끓이다가 약불로 줄여 5분 정도 졸여 갈릭 치즈소스를 만든다.
3 껍질을 벗긴 알감자는 끓는 물에 소금을 넣고 5분 동안 삶은 뒤 한 김 식힌다.
4 삶은 알감자를 베이컨으로 감싼다.
5 달군 팬에 4를 노릇하게 구운 뒤 갈릭 치즈소스를 곁들인다.

Main Dish > 채소와 과일 02

아코디언 감자

▼▼▼ 8~10

미니 감자 8~10개, 슬라이스 치즈 3장, 베이컨 칩, 석류, 사워크림, 파슬리 가루, 소금, 후추

1 미니 감자는 깨끗이 씻은 뒤 칼집을 낸다.
2 감자에 기름을 바르고 소금, 후추를 뿌린 뒤 200℃로 예열한 오븐에 25분간 굽는다.
3 감자 칼집에 조각 낸 치즈를 꽂고 오븐에서 5분간 더 굽는다.
4 사워크림을 올린 뒤 베이컨 칩, 석류를 올리고 파슬리 가루로 장식한다.

Main Dish > 채소와 과일 03

새우 부추전

새우 대신 오징어나 바지락 살도 넣어보세요.

10

새우 10개, 부추 50g, 양파 40g, 청고추, 홍고추
새우 밑간 청주 1큰술, 소금 약간, 후추 약간
반죽 부침가루 60g, 튀김가루 40g, 물 100ml

1 새우는 등쪽 내장을 제거한 뒤 머리를 떼고 껍질을 벗겨 밑간한다.
2 부추는 3cm 길이로 썰고 양파는 얇게 채 썰고, 홍고추와 청고추는 어슷하게 썬다.
3 볼에 분량의 반죽 재료를 넣고 반죽을 만든다.
4 새우, 부추, 양파, 홍고추, 청고추를 반죽에 넣고 고루 섞는다.
5 달군 팬에 기름을 두르고 반죽을 올린 뒤 중불에서 노릇하게 부친다.

Main Dish > 채소와 과일 04

명란 깻잎 아보카도 튀김

아보카도와 명란의 환상적인 궁합!
청양고추를 넣은 명란 마요소스로 깻잎의 향긋함과 부드러움을 느껴보세요.

 10

아보카도 1개, 저염 명란젓 50g, 깻잎 5장, 밀가루 30g, 달걀 1개, 깻잎 5장, 빵가루
명란 마요소스 저염 명란젓 25g, 마요네즈 2큰술, 청양고추 1개

1 아보카도는 길게 편 썰고 깻잎은 길게 3등분한다.
2 명란젓은 껍질을 제거하고 알만 발라내어 ⅓은 분량의 소스 재료를 섞어 명란 마요소스를 만든다.
3 깻잎 한 면에 남은 명란을 바른 뒤 아보카도 가운데를 감싼다.
4 깻잎을 감싼 아보카도에 밀가루-달걀물-빵가루를 입힌 뒤 160℃로 달군 기름에 튀긴다.

Main Dish > 채소와 과일 05

화전

화전을 맛있게 즐기는 비법은 유자청에 있어요.
마지막에 유자청을 바르면 유자의 향긋함이 은은하게 전해져요.

 8~10

식용 꽃, 유자청

반죽 찹쌀가루 130g, 뜨거운 물 약 100ml(반죽의 상태에 따라 가감), 소금 2g

1 식용 꽃은 꽃술을 떼어내고 깨끗하게 씻어 물기를 제거한다.
2 볼에 찹쌀가루와 소금을 넣고 뜨거운 물을 조금씩 부어가며 익반죽한다.
3 반죽이 한 덩어리로 뭉쳐지면 둥글 납작하게 빚는다.
4 달군 팬에 기름을 두르고 약불에서 익힌다.
5 한 면에 꽃을 올린 후 뒤집어서 살짝 누른다.
6 한 김 식힌 뒤 솔을 이용해 유자청을 바른다.

Main Dish > 채소와 과일 06

애호박 파프리카 튀김

튀기지 않고 달걀물을 입혀서 부쳐도 좋아요.

🍴 10~12

애호박 1개, 빨·노·초 파프리카 각 ½개, 밀가루 ½컵, 빵가루 ⅓컵, 달걀 1개, 소금

1 애호박은 0.5cm 두께로 썰어 가운데 부분을 동그랗게 파내 애호박 링을 만든 뒤 소금을 살짝 뿌려 간한다.
2 파프리카는 컬러별로 채 썬다.
3 애호박 링을 3개 정도 쌓아서 구멍 안에 채 썬 파프리카를 넣는다.
4 밀가루-달걀물-빵가루를 묻혀 170℃로 달군 기름에 노릇하게 튀긴다.

Main Dish > 채소와 과일 07

애호박 완자

슬라이스한 홍고추의 구멍 사이로 작은 쑥갓 잎을 끼우면 컬러 포인트가 돼요.

 8~10

애호박 1개, 소고기 다짐육 100g, 양파 40g, 당근 20g, 생 표고버섯 20g, 밀가루, 달걀, 식용유
양념 진간장 2큰술, 참기름 1큰술, 설탕 2작은술, 다진 마늘 1작은술, 후추 약간, 깨소금 약간

1 애호박은 0.5cm 두께로 썰어 가운데 부분을 동그랗게 파내고 소고기는 키친타올로 핏물을 제거한다.
2 양파, 당근, 표고버섯은 잘게 다진다.
3 볼에 소고기와 다진 채소를 넣고 분량의 양념 재료를 넣고 잘 섞는다.
4 속을 파놓은 애호박에 3를 채워 밀가루와 달걀물을 입힌다.
5 달군 팬에 기름을 넉넉히 두르고 중약불에서 노릇하게 지진다.
6 홍고추를 슬라이스한 뒤 구멍 사이에 쑥갓 잎을 끼우고 완자 위에 올린다.

Main Dish > 채소와 과일 08

모둠 전 꼬치

 6~8묶음

연근 150g, 두부 ½모, 애호박 ½개, 표고버섯 6개, 홍고추 1개, 쑥갓 잎 조금

1 연근은 깨끗이 씻어 껍질을 벗긴 뒤 얇게 썰어 끓는 물에 식초를 넣고 3분 정도 아삭하게 데친 뒤 체에 밭쳐 물을 뺀다.
2 애호박과 두부를 연근과 같은 두께로 썰고, 두부는 소금을 뿌린 뒤 키친타올로 물기를 제거한다.
3 표고버섯은 밑동을 떼고 윗면에 칼집을 넣어 안에 소를 채운다(소-189쪽 애호박 완자 참고).
4 준비된 재료에 밀가루와 달걀물을 입힌다.
5 달군 팬에 기름을 넉넉히 두르고 중약 불에서 노릇하게 지진다.
6 두부, 애호박은 한쪽 면에 슬라이스한 홍고추와 쑥갓 잎을 올린다.

Main Dish > 채소와 과일 09

무화과 하몽 픽

<u>하몽의 깊은 풍미와 무화과의 달콤함, 치즈의 고소함이
환상적인 조화를 만들어요.</u>

무화과 2개, 하몽 50g, 생 모짜렐라 치즈 100g, 바질 잎 8개, 발사믹 글레이즈

1 무화과와 하몽 1줄은 각각 4등분하고 생 모차렐라치즈는 먹기 좋은 크기로 자른다.
2 무화과-치즈-하몽-바질을 픽으로 꽂고 발사믹 글레이즈를 뿌린다.

Main Dish > 채소와 과일 10

사과 만두피 튀김

8

사과 1개, 체다치즈 3장, 만두피 8장, 설탕 1큰술, 계핏가루 ⅓큰술, 애플민트 조금

1 사과는 굵게 채 썰고, 치즈는 3등분한다.
2 설탕과 계핏가루를 섞어 사과에 뿌린 뒤 골고루 버무린다.
3 만두피 위에 치즈, 사과를 올려 감싼다.
4 달군 팬에 기름을 넉넉히 두르고 3을 넣고 노릇하게 튀긴다.
5 완성된 튀김에 애플민트 잎을 얹고 픽을 꽂는다.

Main Dish > 채소와 과일 11

토마토 바질 페스토 파스타 컵

향긋한 바질 페스토와 상큼한 토마토가 어우러진 콜드 파스타!
미리 만들어 두고 어느 장소에서든 맛있게 즐길 수 있어요.

 5~6

푸실리 파스타 100g, 방울토마토 10~12개, 양파 30g, 바질 페스토 40g, 그라나파다노치즈, 잎채소, 올리브오일, 소금
바질 페스토 바질 50g, 잣 20g, 파마산치즈 20g, 마늘 1~2개, 올리브유 50ml, 소금 ¼작은술

1 끓는 물에 소금 1작은술을 넣고 파스타를 12분 동안 삶은 뒤 찬물에 헹궈 물기를 뺀다.
2 방울토마토, 양파는 작게 깍둑 썬다.
3 분량의 바질 페스토 재료를 섞어 바질 페스토를 만든다(잣을 볶아 넣으면 더 고소하다).
4 볼에 파스타 면, 방울토마토, 양파, 바질 페스토를 넣고 잘 섞는다.
5 컵에 4를 담고 잎채소를 올린 뒤 그라나파다노치즈를 굵게 그라인더에 갈아 올린다.

Dessert

화려한 색감으로 눈이 먼저 행복한 디저트!

과일의 색감을 최대한 살리고
완성된 요리에 허브나 석류 알갱이로 포인트를 주어
색의 균형을 맞췄어요.
같은 디저트도 용기에 변화를 주면
색다르게 보일 수 있어요.

on the table

Dessert 01

무화과잼 요거트

무화과는 쉽게 물러요.
잼 형태로 만들어 저장해두고 요거트나 빵에 곁들여 먹으면 좋아요.

 6

무화과 2~3개, 플레인요거트 500ml, 호두 분태와 아몬드 슬라이스 조금
무화과 절임 무화과 240g, 설탕 80g, 소금 한꼬집

1 무화과를 깨끗이 씻어 4등분한다.
2 냄비에 무화과, 설탕, 소금을 넣고 끓인다.
3 끓기 시작하면 약불로 줄여 걸죽해질 때까지 뭉근히 졸인다.
4 컵에 무화과 절임, 요거트, 가로로 슬라이스한 무화과를 순서대로 담고 취향에 따라 견과류를 뿌린다.
5 끝이 뾰족한 허브 잎으로 중앙을 장식한다.

Dessert 02

천도복숭아 판나코타

우유 200ml, 생크림 200ml, 설탕 50g, 판젤라틴 4장(8g), 바닐라 에센스 1~2방울

1 판젤라틴을 찬물에 담궈 10~15분간 불린다.
2 우유, 생크림, 설탕을 냄비에 넣고 설탕이 녹을 때까지 약불에서 끓인다.
3 2에 불린 젤라틴, 바닐라 에센스를 넣고 저어가며 끓인다.
4 한 김 식힌 뒤 용기에 담아 냉동실에서 1시간 굳힌다.
5 천도복숭아를 얇게 편 썰어 돌돌 말아 꽃모양(71쪽 참고)을 만든 뒤 판나코타에 올리고 애플민트로 장식한다.

Dessert 03

수제 티라미수

사진처럼 다양한 유리 미니컵에 담아 보세요.
딸기 대신 제철 과일을 토핑해도 좋아요.
아이가 먹을 땐 커피 대신 코코아를 진하게 타서 만들어 보세요.

레이디 핑거 쿠키 3개, 마스카포네치즈 100g, 생크림 50g, 노른자 1개, 바닐라 시럽 2방울, 설탕 10g, 에스프레소 50ml
커피물 에스프레소 50ml, 설탕 10g
데코용 딸기 4개, 산딸기 4~5개, 라벤더 잎 또는 애플민트(생략 가능)

1 노른자에 설탕을 넣고 휘핑하여 크림화한다.
2 1에 바닐라 시럽, 마스카포네치즈를 넣고 부드럽게 풀어준 뒤 생크림을 넣고 휘핑하여 짤주머니에 담는다.
3 레이디 핑거 쿠키를 6등분하여 용기에 담은 뒤 커피물에 적셔 눌러준다(레이디 핑거 쿠키는 담는 디저트 컵에 맞게 잘라서 넣는다).
4 3위에 마스카포네치즈 크림을 얹은 후 3시간 정도 냉장고에서 굳힌다.
5 냉장고에서 굳힌 티라미수를 꺼내어 코코아 파우더를 뿌린 뒤 딸기, 산딸기, 라벤더 잎으로 장식한다.

Dessert 04
홍시 샤베트

Dessert 05
홍시 디저트

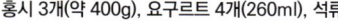

홍시 3개(약 400g), 요구르트 4개(260ml), 석류

1 홍시는 껍질을 제거하고 과육만 발라낸 뒤 요구르트와 함께 블렌더에 간다.
2 냉동실에서 반나절 정도 얼린 뒤 컵에 담고 석류, 애플민트로 장식한다.

홍시 2개, 석류 30g, 애플민트

1 홍시는 껍질을 제거하여 과육만 발라낸다.
2 컵에 손질한 홍시를 담고 석류, 애플민트로 장식한다.

Dessert 06

과일 젤리

Dessert 07

오미자 젤리

사과 주스 200ml, 젤라틴 4장, 딸기 4~5개, 키위 1개, 애플민트

1 찬물에 젤라틴을 10분 정도 불린다.
2 냄비에 사과주스를 넣고 살짝 끓인 뒤 불을 끄고
불린 젤라틴을 넣고 잘 섞는다.
3 딸기를 작게 썰어 용기에 담은 후 식힌 사과 주스를 붓고
냉장고에서 2~3시간 굳힌다.
4 젤리를 용기에서 분리하여 그릇에 담고 애플민트로 장식한다.

물 200ml, 오미자청 70ml, 젤라틴 4장, 딸기, 블루베리, 애플민트

1 찬물에 젤라틴을 10분 정도 불린다.
2 냄비에 물과 오미자청을 넣고 살짝 끓인 뒤 불을 끄고
불린 젤라틴을 넣고 잘 섞는다.
3 2가 식으면 용기에 부어 냉장고에서 2~3시간 굳힌다.
4 젤리를 용기에서 분리하여 그릇에 담고 딸기, 블루베리로 장식한다.

Dessert 08

레몬 커드 타르트

미니 타르트지는 온라인에서 쉽게 구입할 수 있어요.

 20

레몬1개(레몬 제스트 3g, 레몬즙 30g), 달걀 2개, 설탕 70g, 버터 30g, 젤라틴 1장, 타르트 지 20개(만드는 방법은 다음 페이지 참고)
데코용 딸기, 석류, 애플민트 등

1 레몬은 베이킹 소다로 깨끗이 닦아 껍질로 제스트를 만들고 과육은 즙을 낸다.
2 젤라틴은 찬물에 10분 정도 불린다.
3 볼에 달걀을 풀어 설탕을 넣고 휘퍼로 섞는다.
4 3에 레몬 제스트와 레몬즙을 넣고 계속 휘퍼로 저어가며 약 8~10분간 중탕으로 끓인다.
5 농도가 적당히 걸쭉해지면 불린 젤라틴을 넣고 볼을 중탕에서 내린 뒤 버터를 넣고 섞는다.
6 레몬 커드를 한 김 식힌 뒤 체에 걸러 짤주머니에 담아 타르트 지를 채운다.
7 딸기, 석류, 애플민트로 타르트를 장식한다.

타르트지 만들기

박력분 230g, 버터 80g, 슈거 파우더 60g, 달걀 1개, 소금 ½작은술

1 실온 버터를 믹싱볼에 담고 휘퍼를 이용해 크림 상태로 풀어준다.
2 슈거 파우더를 체에 친 다음 버터와 섞는다.
3 2에 달걀 노른자를 먼저 넣고 섞은 다음 흰자를 넣고 섞는다(노른자가 천연 유화제 역할을 해 분리를 줄인다).
4 박력분과 소금을 함께 체에 친 다음 3에 섞는다(반죽은 주걱을 이용하여 #모양을 그리며 반죽한다).
5 반죽이 덩어리 지면 비닐 팩에 넣고 한 덩어리로 뭉쳐 냉장고에서 1~2시간 휴지시킨다.
6 휴지된 반죽은 밀대로 얇게(3mm) 펴서 틀에 넣은 뒤 부풀지 않도록 반죽에 포크로 구멍을 낸다.
7 180℃로 예열된 오븐에서 13~15분간 굽는다.
8 구워진 타르트지는 충분히 식힌 뒤 틀에서 꺼낸다.

다이제 타르트지
다이제 7개(90~95g), 버터 45g, 꿀 10g

1 다이제를 팩에 넣고 밀대를 이용하여 부순다(또는 믹서기에 간다).
2 1에 녹인 버터, 꿀을 넣고 고루 섞는다.
3 타르트 틀에 반죽을 넣고 얇게 핀 다음 부풀지 않도록 포크로 반죽에 구멍을 낸다.
4 180℃로 예열된 오븐에서 6~8분간 굽는다(또는 전자레인지에서 3분 동안 가열하거나 에어프라이어에 넣고 6분간 가열한다).